# 단기 합격을 위한
# 해커스 커리큘럼

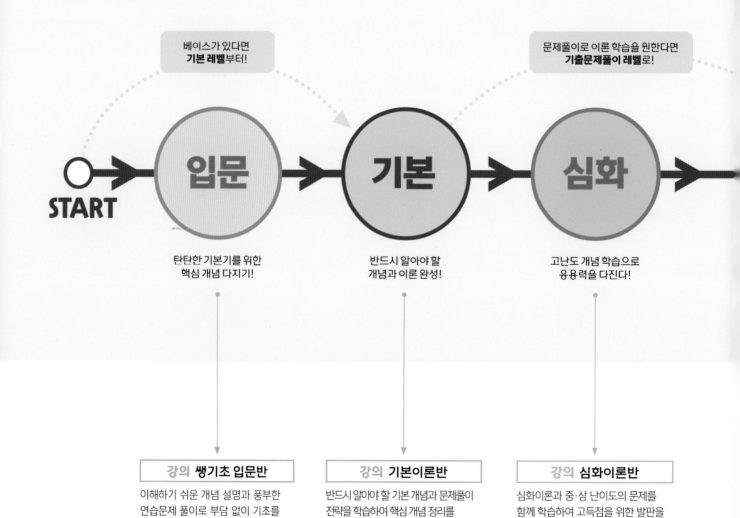

베이스가 있다면
**기본 레벨**부터!

문제풀이로 이론 학습을 원한다면
**기출문제풀이 레벨**로!

**START**

**입문**

탄탄한 기본기를 위한
핵심 개념 다지기!

**기본**

반드시 알아야 할
개념과 이론 완성!

**심화**

고난도 개념 학습으로
응용력을 다진다!

강의 **쌩기초 입문반**

이해하기 쉬운 개념 설명과 풍부한
연습문제 풀이로 부담 없이 기초를
다질 수 있는 강의

강의 **기본이론반**

반드시 알아야 할 기본 개념과 문제풀이
전략을 학습하여 핵심 개념 정리를
완성하는 강의

강의 **심화이론반**

심화이론과 중·상 난이도의 문제를
함께 학습하여 고득점을 위한 발판을
마련하는 강의

레벨별 교재 확인 및
수강신청은 여기서!
gosi.Hackers.com

* 커리큘럼은 과목별·선생님별로 상이할 수 있으며, 자세한 내용은 해커스공무원 사이트에서 확인하세요.

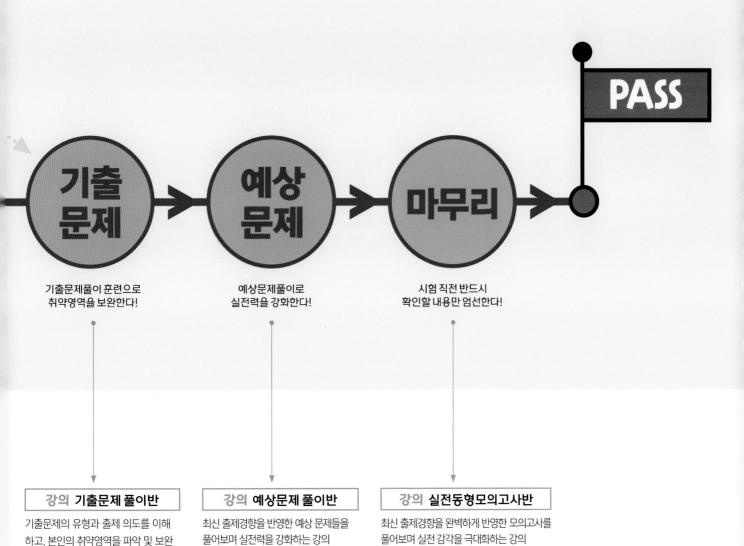

**기출문제**
기출문제풀이 훈련으로
취약영역을 보완한다!

**예상문제**
예상문제풀이로
실전력을 강화한다!

**마무리**
시험 직전 반드시
확인할 내용만 엄선한다!

PASS

**강의 기출문제 풀이반**
기출문제의 유형과 출제 의도를 이해
하고, 본인의 취약영역을 파악 및 보완
하는 강의

**강의 예상문제 풀이반**
최신 출제경향을 반영한 예상 문제들을
풀어보며 실전력을 강화하는 강의

**강의 실전동형모의고사반**
최신 출제경향을 완벽하게 반영한 모의고사를
풀어보며 실전 감각을 극대화하는 강의

**강의 봉투모의고사반**
시험 직전에 실제 시험과 동일한 형태의
모의고사를 풀어보며 실전력을 완성하는 강의

해커스
# 7급 PSAT
# 이준 상황판단 실전동형모의고사

## 이준

### 이력

서울대학교 인문대학 졸업
(현) 해커스 7급 공채 PSAT 상황판단 대표강사
(전) 합격의 법학원 5급 공채 PSAT 상황판단 대표강사
연세대, 이화여대, 고려대, 성균관대 등 국내 주요 대학 특강 진행

### 저서

해커스 7급 PSAT 이준 상황판단 4주 완성

# PSAT 상황판단을 처음 시작하던 그날을 기억하나요?

개편된 7급 공채를 준비하면서 PSAT를 어떻게 준비해야 할지 몰라
학습에 어려움을 겪었던 순간들이 많았을 것입니다.

최신 출제 경향을 반영한 문제를 통해 효과적으로 실전에 대비할 수 있도록,
본인의 약점을 확실히 파악하고 시험 전까지 완벽하게 극복할 수 있도록,
체계적인 시간 관리 연습으로 빠르고 정확하게 실전 문제를 풀 수 있도록,
수많은 고민을 거듭한 끝에
『해커스 7급 PSAT 이준 상황판단 실전동형모의고사』를 출간하게 되었습니다.

『**해커스 7급 PSAT 이준 상황판단 실전동형모의고사**』는

1. 7급 PSAT 기출문제 및 모의평가의 출제 경향을 반영한 문제로 실전에 철저히 대비할 수 있습니다.

2. 실전동형모의고사 4회분을 통해 단기간에 실전 감각을 키우고 문제 풀이 시간을 줄이는 연습을 할 수 있습니다.

3. 취약 유형 분석표를 활용해 자신의 약점을 파악하여 효과적으로 학습할 수 있습니다.

7급 공채 PSAT를 준비한 수험생 모두
『해커스 7급 PSAT 이준 상황판단 실전동형모의고사』를 통해 합격의 기쁨을 누리시기 바랍니다.

이준

# 목차

## 실전동형모의고사

## 약점 보완 해설집    [책 속의 책]

 **OCR 답안지**

# 상황판단 고득점을 위한 이 책의 활용법

## 1 자신의 학습 기간에 맞는 **학습 플랜**으로 **전략적으로 학습**한다.

· 학습 기간에 따른 두 가지 종류의 학습 플랜을 제공하여 자신의 상황에 맞는 학습 플랜에 따라 체계적으로 학습할 수 있습니다.

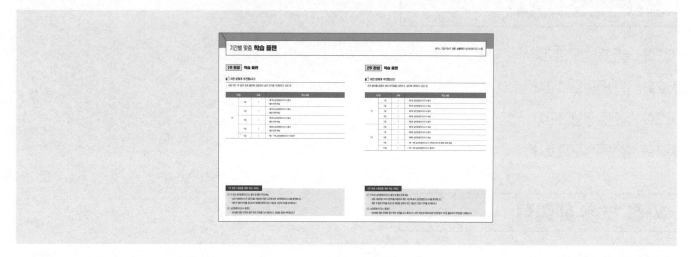

## 2 **최신 경향**을 반영한 **모의고사**로 **실전에 완벽 대비**한다.

· 7급 PSAT 최신 출제 경향을 반영한 4회분의 모의고사를 실제 시험지와 유사한 형태로 구성하여 실전에 완벽하게 대비할 수 있습니다.

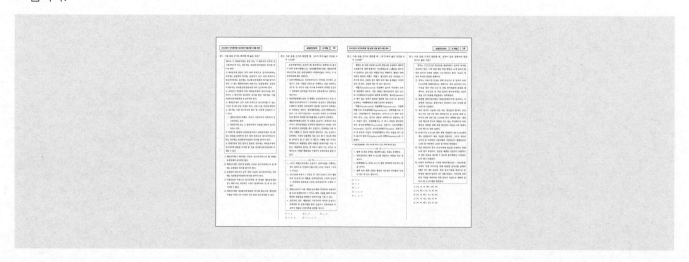

## **3** **OCR 답안지**를 이용한 문제 풀이로 **실전 감각을 극대화**한다.

· 실제 시험처럼 제한 시간 안에 문제를 풀면서 답안 체크까지 할 수 있도록 OCR 답안지를 제공하여, 실전 감각을 극대화할 수 있을 뿐만 아니라 시간 안배 연습도 할 수 있습니다.

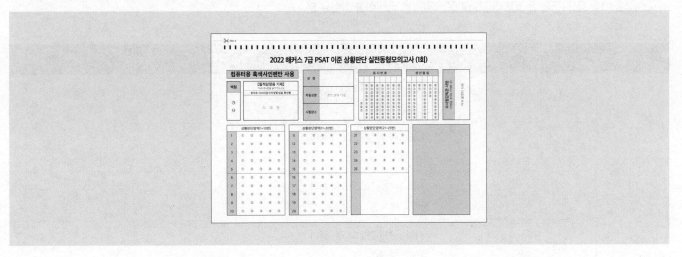

## **4** **상세한 해설**로 **완벽하게 정리**하고, **취약점**은 **반복 훈련으로 극복**한다.

· 모든 문제에 대해 상세하고 이해하기 쉬운 해설을 수록하여 체계적으로 학습할 수 있습니다. 특히 '빠른 문제 풀이 Tip'을 통해 빠르고 정확하게 푸는 방법까지 익힐 수 있습니다.

· 취약 유형 분석표를 통해 자신의 실력을 점검하고, 틀린 문제나 풀지 못한 문제를 반복하여 풀면서 취약점을 극복할 수 있습니다.

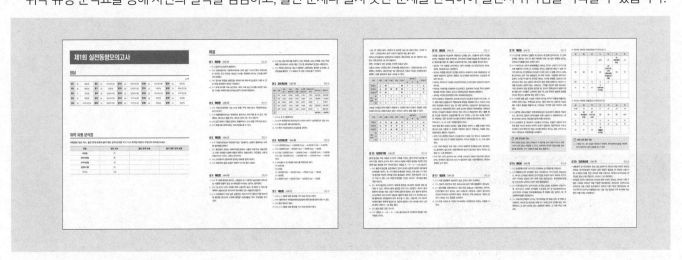

# 기간별 맞춤 **학습 플랜**

## **1주 완성** 학습 플랜

### 👍 이런 분에게 추천합니다!

· 시험 직전 1주 동안 문제 풀이에 집중하여 실전 감각을 극대화하고 싶은 분

| 주/일 | | 날짜 | 학습 내용 |
|---|---|---|---|
| 1주 | 1일 | / | · 제1회 실전동형모의고사 풀이<br>· 틀린 문제 복습 |
| | 2일 | / | · 제2회 실전동형모의고사 풀이<br>· 틀린 문제 복습 |
| | 3일 | / | · 제3회 실전동형모의고사 풀이<br>· 틀린 문제 복습 |
| | 4일 | / | · 제4회 실전동형모의고사 풀이<br>· 틀린 문제 복습 |
| | 5일 | / | · 제1~4회 실전동형모의고사 총정리 |

### 1주 완성 수험생을 위한 학습 가이드

01. 각 회차 실전동형모의고사 풀이 및 틀린 문제 복습

  – 실제 시험처럼 OCR 답안지를 이용하여 제한 시간에 따라 실전동형모의고사를 풀어봅니다.

  – 채점 후 틀린 문제를 중심으로 해설을 꼼꼼히 읽고 정답과 오답의 이유를 분석합니다.

02. 실전동형모의고사 총정리

  – 회차별로 틀린 문제와 풀지 못한 문제를 다시 풀어보고, 해설을 꼼꼼히 확인합니다.

## 2주 완성 학습 플랜

👍 **이런 분에게 추천합니다!**

· 문제 풀이를 꼼꼼히 하여 취약점을 보완하고, 실전에 대비하고 싶은 분

| 주/일 | | 날짜 | 학습 내용 |
|---|---|---|---|
| 1주 | 1일 | / | · 제1회 실전동형모의고사 풀이 |
| | 2일 | / | · 제1회 실전동형모의고사 복습 |
| | 3일 | / | · 제2회 실전동형모의고사 풀이 |
| | 4일 | / | · 제2회 실전동형모의고사 복습 |
| | 5일 | / | · 제3회 실전동형모의고사 풀이 |
| 2주 | 6일 | / | · 제3회 실전동형모의고사 복습 |
| | 7일 | / | · 제4회 실전동형모의고사 풀이 |
| | 8일 | / | · 제4회 실전동형모의고사 복습 |
| | 9일 | / | · 제1~4회 실전동형모의고사 취약점 파악 및 틀린 문제 복습 |
| | 10일 | / | · 제1~4회 실전동형모의고사 총정리 |

### 2주 완성 수험생을 위한 학습 가이드

01. 각 회차 실전동형모의고사 풀이 및 틀린 문제 복습

   – 실제 시험처럼 OCR 답안지를 이용하여 제한 시간에 따라 실전동형모의고사를 풀어봅니다.

   – 채점 후 틀린 문제를 중심으로 해설을 꼼꼼히 읽고 정답과 오답의 이유를 분석합니다.

02. 실전동형모의고사 총정리

   – 회차별로 틀린 문제와 풀지 못한 문제를 다시 풀어보고, 취약 유형 분석표와 빠른 문제 풀이 TIP을 활용하여 취약점을 극복합니다.

# 7급 공채 및 PSAT 알아보기

## 7급 공채 알아보기

### 1. 7급 공채란?

7급 공채는 인사혁신처에서 학력, 경력에 관계없이 7급 행정직 및 기술직 공무원으로 임용되기를 원하는 불특정 다수인을 대상으로 실시하는 공개경쟁채용시험을 말합니다. 신규 7급 공무원 채용을 위한 균등한 기회 보장과 보다 우수한 인력의 공무원을 선발하는 데 목적이 있습니다. 경력경쟁채용이나 지역인재채용과 달리 20세 이상의 연령이면서 국가공무원법 제33조에서 정한 결격사유에 저촉되지 않는 한, 누구나 학력 제한이나 응시상한연령 없이 시험에 응시할 수 있습니다.

- **경력경쟁채용:** 공개경쟁채용시험에 의하여 충원이 곤란한 분야에 대해 채용하는 제도로서 다양한 현장 경험과 전문성을 갖춘 민간전문가를 공직자로 선발한다.
- **지역인재채용:** 자격요건을 갖춘 자를 학교별로 추천받아 채용하는 제도로서 일정 기간의 수습 근무를 마친 후 심사를 거쳐 공직자로 선발한다.

### 2. 7급 공채 채용 프로세스

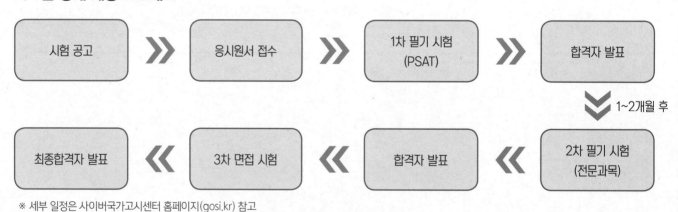

시험 공고 》 응시원서 접수 》 1차 필기 시험 (PSAT) 》 합격자 발표

1~2개월 후

2차 필기 시험 (전문과목) 《 합격자 발표 《 3차 면접 시험 《 최종합격자 발표

※ 세부 일정은 사이버국가고시센터 홈페이지(gosi.kr) 참고

# ▌7급 공채 PSAT 알아보기

## 1. PSAT란?

PSAT(Public Service Aptitude Test, 공직적격성평가)는 지식기반사회에서 정치/경제/사회/문화의 급속한 변화에 신속히 적응하고 공직과 관련된 상황에서 발생하는 여러 가지 문제에 신속히 대처할 수 있는 문제해결의 잠재력을 가진 사람을 선발하기 위해 도입된 시험입니다. 즉, 특정 과목에 대한 전문 지식 보유 수준을 평가하는 대신, 공직자로서 지녀야 할 기본적인 소양과 자질 등을 종합적으로 평가하는 시험 방식으로 이해력, 논리적·비판적 사고능력, 자료의 분석 및 정보추론 능력, 판단 및 의사결정능력 등 종합적 사고력을 평가합니다. 이에 따라 PSAT는 이해력, 추론 및 분석능력, 문제해결능력 등을 평가하는 언어논리, 자료해석, 상황판단 세 가지 영역으로 구성됩니다.

## 2. 시험 구성 및 평가 내용

| 과목 | 시험 구성 | 평가 내용 |
|---|---|---|
| 언어논리 | 25문항/60분 | 글의 이해, 표현, 추론, 비판과 논리적 사고 등의 능력을 평가합니다. |
| 자료해석 | 25문항/60분 | 표, 그래프, 보고서 형태로 제시된 수치 자료를 이해하고 계산하거나 자료 간의 연관성을 분석하여 정보를 도출하는 능력을 평가합니다. |
| 상황판단 | 25문항/60분 | 제시된 자료를 이해하여 상황 및 조건에 적용하고, 판단과 의사결정을 통해 문제를 해결하는 능력을 평가합니다. |

# 상황판단 고득점 가이드

## █ 출제 유형

상황판단은 제시된 글과 조건에 따라 문제의 상황을 판단하고 해결하는 능력을 평가하는 영역으로, 문제를 해결하는 사고 과정에 따라 매칭형, 따라계산형, 조작계산형, 입장하기형 네 가지 유형으로 나눌 수 있습니다. 이 중 매칭형은 2021년 7급 PSAT에서 출제비중이 높았고, 따라계산형과 조작계산형 역시 그 다음으로 높은 비중으로 출제되었습니다. 네 가지 유형 모두 제시된 글이나 조건을 이해하여 적용·판단하는 능력을 요구하므로 주어진 시간 내에 다양한 형태의 정보를 빠르고 정확하게 파악하는 능력이 필요합니다.

| 유형 | 유형 설명 |
|---|---|
| 매칭형 | 문제에 제시된 정보를 <보기>와 매칭하여 정답을 도출하는 유형 |
| 따라계산형 | 지문에 제시된 숫자 정보를 따라 사칙연산으로 계산하여 정답을 도출하는 유형 |
| 조작계산형 | 지문에 제시된 숫자 정보를 조작하여 조건에 맞는 최댓값, 최솟값, 순서 등을 도출하는 유형 |
| 입장하기형 | 문제에 제시된 규칙에 따라 새로운 세계로 들어가 문제를 해결하는 유형 |

# ▌출제 경향 분석 및 대비 전략

## 1. 출제 경향 분석

### ① 출제 유형

7급 공채 PSAT에 출제된 문제는 5급 공채와 민간경력자 PSAT에 출제되었던 유형과 거의 동일합니다. 다만, 7급 공채 PSAT에서는 최근 5급 공채 PSAT에서 출제 비중이 매우 낮아졌던 줄글이 제시된 매칭형이 아예 출제되지 않았고, 법조문이 제시된 매칭형과 따라계산형 및 조작계산형이 높은 비중으로 출제되었습니다.

### ② 난이도

5급 공채 PSAT의 경우 한 문제 안에 여러 개의 장치·함정을 포함하고 있어 모든 장치·함정을 빠르게 해결해야 하는 데 반해, 7급 공채 PSAT의 경우 대부분 한 문제에 한 개의 장치·함정으로만 제시되어 5급 공채 PSAT보다는 민간경력자 PSAT와 유사한 난도로 평이했습니다.

### ③ 소재

실무와 관련된 소재가 1문제 출제된 것이 특징적이었고, 기존에 5급 공채와 민간경력자 PSAT에 출제되었던 소재와 동일하게 몰아주기, 이동 규칙, 간격 개수 등이 출제되었습니다.

## 2. 대비 전략

### ① 상황판단의 문제 유형을 파악하고, 유형에 따른 풀이법을 학습해야 합니다.

상황판단 영역은 다양한 유형으로 구분되어 있고, 유형에 따라 효과적인 풀이법이 있습니다. 그렇기 때문에 유형에 따른 풀이법을 정확히 파악하고 준비하는 것이 중요합니다. 이에 따라 기출문제를 반복적으로 풀면서 정확하게 유형을 분석하는 능력을 기르고, 빠르고 정확하게 문제를 풀이하는 연습이 필요합니다.

### ② 문제 풀이에 필요한 정보를 정확하게 파악하는 능력을 길러야 합니다.

상황판단은 다양한 조건과 상황 등이 제시되므로 문제를 해결하기 위해 필요한 정보를 정확하게 파악하는 것이 중요합니다. 따라서 키워드를 중심으로 제시된 정보를 시각화·도표화하여 정리하거나, 관련 있는 조건끼리 묶어 그룹화하는 연습이 필요합니다.

### ③ 문제 풀이의 순서를 결정하는 판단력을 길러야 합니다.

상황판단은 PSAT 세 영역 중 특히 문제 풀이에 시간이 부족한 경우가 많습니다. 한 문제를 풀이하는 데 너무 오랜 시간이 소요된다면 다른 문제를 놓칠 가능성이 높으므로 문제의 난이도를 판별하여 풀 수 있는 문제부터 먼저 풀어야 합니다.

**▌해커스 7급 PSAT 이준 상황판단 실전동형모의고사**

# 제1회

# 실전동형 모의고사

문제 풀이 시작과 종료 시각을 정한 후, 실전처럼 기출문제를 풀어보세요.

____시 ____분 ~ ____시 ____분 (총 25문항 / 60분)

문 1. 다음 글을 근거로 판단할 때, <보기>에서 신문 또는 인터넷신문의 기준을 충족하지 못하는 것만을 모두 고르면?

제00조 "신문"이란 정치·경제·사회·문화·산업·과학·종교·교육·체육 등 전체 분야 또는 특정 분야에 관한 보도·논평·여론 및 정보 등을 전파하기 위하여 같은 명칭으로 월 2회 이상 발행하는 간행물로서 다음 각 호의 것을 말한다.
　1. 일반일간신문: 정치·경제·사회·문화 등에 관한 보도·논평 및 여론 등을 전파하기 위하여 매일 발행하는 간행물
　2. 특수일간신문: 산업·과학·종교·교육 또는 체육 등 특정 분야(정치를 제외한다)에 국한된 사항의 보도·논평 및 여론 등을 전파하기 위하여 매일 발행하는 간행물
　3. 일반주간신문: 정치·경제·사회·문화 등에 관한 보도·논평 및 여론 등을 전파하기 위하여 매주 1회 발행하는 간행물(주 2회 또는 월 2회 이상 발행하는 것을 포함한다)
　4. 특수주간신문: 산업·과학·종교·교육 또는 체육 등 특정 분야(정치를 제외한다)에 국한된 사항의 보도·논평 및 여론 등을 전파하기 위하여 매주 1회 발행하는 간행물(주 2회 또는 월 2회 이상 발행하는 것을 포함한다)

제00조 ① "인터넷신문"이란 컴퓨터 등 정보처리능력을 가진 장치와 통신망을 이용하여 정치·경제·사회·문화 등에 관한 보도·논평 및 여론·정보 등을 전파하기 위하여 간행하는 전자간행물로서 독자적 기사 생산과 지속적인 발행 등 다음 각 호의 기준을 충족하는 것을 말한다.
　1. 주간 게재 기사 건수의 100분의 30 이상을 자체적으로 생산한 기사로 게재할 것
　2. 지속적인 발행요건으로서 주간 단위로 새로운 기사를 게재할 것
② 제1항제1호에도 불구하고 다음 각 호의 어느 하나에 해당하는 자의 계열회사가 다음 각 호의 자가 생산하는 기사를 인터넷을 통하여 일반에 제공하는 경우에는 자체적으로 생산한 기사가 100분의 30 미만인 경우에도 제1항제1호의 기준을 충족한 것으로 본다.
　1. 신문사업자
　2. 잡지 또는 기타간행물을 발행하는 자

―――――――〈보 기〉―――――――
ㄱ. 정치·경제·사회 등 전체 분야에 관한 보도와 논평을 전파하기 위하여 월 3회 발행하는 간행물
ㄴ. 일반일간신문인 A일보의 계열회사가 제작하고 독자적 기사 생산 없이 A일보의 기사만을 게재하여 월 2회 발행하는 전자간행물
ㄷ. 국회와 정당의 활동에 관한 기사만을 전문적으로 게재하고 매주 1회 발행하는 간행물
ㄹ. 문화 분야에 국한된 기사를 독자적으로 생산하고 각 언론사의 기사들을 50% 포함하여 매주 새로운 기사를 게재하여 발행하는 전자간행물

① ㄱ, ㄴ
② ㄱ, ㄹ
③ ㄴ, ㄷ
④ ㄴ, ㄹ
⑤ ㄷ, ㄹ

문2. 다음 글을 근거로 판단할 때, 〈보기〉에서 옳은 것만을 모두 고르면?

제00조 ① 지방자치단체는 다음의 두 가지 종류로 구분한다.
1. 특별시, 광역시, 특별자치시, 도, 특별자치도
2. 시, 군, 구
② 지방자치단체인 구(이하 "자치구"라 한다)는 특별시와 광역시의 관할 구역 안의 구만을 말한다.
제00조 ① 특별시, 광역시, 특별자치시, 도, 특별자치도(이하 "시·도"라 한다)는 정부의 직할(直轄)로 두고, 시는 도의 관할 구역 안에, 군은 광역시, 특별자치시나 도의 관할 구역 안에 두며, 자치구는 특별시와 광역시, 특별자치시의 관할 구역 안에 둔다.
② 특별시, 광역시 및 특별자치시가 아닌 인구 50만 이상의 시에는 자치구가 아닌 구를 둘 수 있고, 군에는 읍·면을 두며, 시와 구(자치구를 포함한다)에는 동을, 읍·면에는 리를 둔다.
③ 제1항과 제2항에도 불구하고 세종특별자치시의 관할구역에 도시의 형태를 갖춘 지역에는 동을 두고, 그 밖의 지역에는 읍·면을 둔다.

〈보 기〉

ㄱ. 제주특별자치도에는 지방자치단체인 시를 둘 수 있다.
ㄴ. 세종특별자치시에는 구(자치구를 포함한다)를 둘 수 없다.
ㄷ. 군은 정부의 직할이 아닌 지방자치단체의 관할 구역 안에 둘 수 있다.
ㄹ. 특별시와 광역시에는 자치구가 아닌 구를 둘 수 있다.

① ㄱ
② ㄴ
③ ㄱ, ㄷ
④ ㄴ, ㄹ
⑤ ㄱ, ㄷ, ㄹ

문3. 다음 글을 근거로 판단할 때, 〈보기〉에서 옳은 것만을 모두 고르면?

일본의 황실제도는 황제인 천황의 4대 이내의 후손을 친왕(親王)으로, 5대 이후의 후손을 왕으로 책봉하도록 규정하였다. 천황과 황후에 대한 호칭은 폐하(陛下)였고, 친왕과 왕에 대한 호칭은 각각 고전하(高殿下)와 전하(殿下)였다. 1910년 8월 22일 한국을 병합한 일본은 일주일 후 천황의 조서를 통해 황제였던 순종을 이왕(李王)으로, 고종을 이태왕(李太王)으로, 황태자를 왕세자로 각각 책봉하였고 전하(殿下)라는 호칭을 사용하도록 하는 친왕제도를 도입하였다. 아울러 이왕직(李王職)이라는 기관을 신설하여 조선 왕족과 관련한 사무를 담당하도록 하였다. 이왕직의 업무와 관제는 황실령으로 공포한 『이왕직관제(李王職官制)』로 규정하였다. 같은 날 일본 칙령 제318호로 대한제국의 국호가 조선으로 변경되면서, 대한제국의 황실은 일본 천황의 책봉을 받는 이왕가(李王家)로 규정되었다.

이어서 고종의 아들인 의화군(義和君) 이강과 고종의 형인 완흥군(完興君) 이재면에게도 별도의 조서에서 '공(公)'이라는 지위가 내려졌다. 의화군은 고종의 아들로서 친왕제도의 도입에 따라 의친왕(義親王)으로 책봉되었고, 완흥군은 흥친왕(興親王)으로 책봉되면서 본래 이름 재면을 희(熹)로 바꾸었다. 1907년 후사가 없던 순종이 황태자로 지목한 이강의 이복동생 이은은 영친왕(英親王)으로 책봉되었다.

1912년 이희가 사망하자 아들 이준으로 하여금 아버지의 지위를 계승하게 하였다. 이어 1917년 이준이 사망하자 의친왕의 둘째아들 이우를 양자로 삼아 그 지위를 계승하게 하였다. 이태왕 사망(1920년) 후에는 『이왕직관제』의 이왕과 이태왕을 모시는 찬시(贊侍, 시종)에 관한 조항 중에서 '이태왕'을 '왕세자'로 개정하였으며, 이왕 사망(1926년) 후에는 같은 조항에서 '왕세자'를 삭제하였고, 왕세자와 공을 모시는 직원을 규정한 조항에서 '왕세자'를 '고이왕비(故李王妃)'로 개정하여 순종비가 왕세자에 준하는 대우를 받게 하였다. 이왕의 지위는 왕세자인 영친왕이 계승하였다.

〈보 기〉

ㄱ. 1910년 제정 당시 『이왕직관제』에 규정되어 있는 '왕세자'는 영친왕을 의미한다.
ㄴ. 흥친왕의 지위를 계승한 두 번째 인물은 고종의 손자이다.
ㄷ. 1926년의 『이왕직관제』 개정에 따르면, 1926년 이후 더 이상 왕세자에 준하는 대우를 받은 사람은 존재하지 않았다.
ㄹ. 1910년 친왕제도의 도입으로 대한제국 황제의 지위는 친왕으로 격하되었다.

① ㄱ, ㄴ
② ㄱ, ㄹ
③ ㄴ, ㄷ
④ ㄴ, ㄹ
④ ㄷ, ㄹ

문 4. 다음 글을 근거로 판단할 때, 〈보기〉에서 옳은 것만을 모두 고르면?

새로 발견된 소행성은 그 시기와 순서에 따라 '0000 XX00'과 같은 임시번호를 부여받는다. '0000'과 'XX00'은 띄어 쓰는 것이 원칙이다. 앞의 '0000'은 소행성이 발견된 연도이며, 뒤의 'XX00' 중 첫 번째 알파벳은 발견된 달을 전반기와 후반기로 구분해서 24개 문자 중 하나로 표시된다. 예를 들어 A는 1월 전반기이며, B는 1월 후반기이다. 단, 알파벳 I는 숫자 1과의 구분을 위해 사용되지 않는다. 'XX00'의 마지막 세 자리는 해당 기간 중 그 소행성이 발견된 순서를 나타낸다. 첫 번째 발견된 소행성에는 숫자 없이 A가, 25번째 발견된 소행성에는 Z가 붙는다. 이 경우에도 I는 사용하지 않는다. 26번째부터는 A1, B1, …, Z1 순으로 진행한 후 다시 A2, B2와 같은 순서대로 진행한다.

꾸준한 관측으로 궤도가 확정된 소행성에는 발견된 순서대로 고유번호가 주어지며 발견자가 원하는 경우 이름(고유명)을 붙일 수도 있다. 예를 들어 소행성 "(1) 세레스(Ceres)"는 고유번호 1번이고 세레스라는 고유명을 가진 소행성이다. 초기에 발견된 소행성에는 모두 이름을 붙였으나 발견되는 소행성의 수가 급격히 늘어남에 따라 따로 이름을 만들지 않고 임시번호를 유지하는 경우도 많아졌다. 현재 임시번호를 유지하고 있는 소행성 중 가장 고유번호가 낮은 소행성은 '(3708) 1974 FV1'이다.

〈보 기〉

ㄱ. 임시번호를 부여받은 소행성들은 이후 모두 고유번호를 부여받는다.

ㄴ. 알파벳 I와 Z는 소행성이 발견된 달을 표시하는 데 사용되지 않는다.

ㄷ. 1974년 3월 이전에 발견되어 고유번호를 부여받은 소행성들은 모두 고유명을 갖고 있다.

ㄹ. "1999 HA10"은 1999년 4월 16일부터 4월 30일 사이 48번째로 발견된 소행성의 임시번호이다.

ㅁ. "(1) 세레스(Ceres)"는 역사상 처음으로 고유번호가 붙은 소행성이다.

① ㄱ, ㄷ

② ㄴ, ㄹ

③ ㄷ, ㅁ

④ ㄱ, ㄷ, ㄹ

⑤ ㄴ, ㄷ, ㅁ

문 5. 다음 글과 〈상황〉을 근거로 판단할 때, 〈보기〉에서 옳은 것만을 모두 고르면?

재고자산은 판매를 목적으로 보유하고 있는 자산이다. 재고자산의 가치하락은 물리적 손상이나 진부화, 판매가격 하락이 원인이 되어 발생한다. 판매가치나 사용가치가 취득원가 이하로 하락하면 이를 적절히 평가하여야 한다. 저가법(低價法)은 재고자산의 실제가치와 장부가치를 비교하여 낮은 가격을 장부에 반영하는 방법이다. 저가법에서 재고자산의 가치를 평가하는 기준은 순실현가능가치이다. 순실현가능가치란 재고자산의 예상판매가격에서 판매비용을 차감한 금액을 말한다. 즉, 순실현가능가치가 취득원가보다 더 큰 경우 취득원가를 재고자산의 가치로 정하지만, 취득원가가 순실현가능가치보다 더 큰 경우에는 순실현가능가치를 재고자산의 가치로 정한다. 따라서 저가법으로 계산한 재고자산의 평가손실액은 순실현가능가치가 취득원가보다 하락한 경우의 손실액을 말한다.

〈상 황〉

甲은 저가법으로 계산한 재고자산의 평가손실액을 장부에 기입하려 한다. 甲이 조사한 제품 A～E의 재고자산 현황은 다음과 같다.

(단위: 개, 원)

| 제품 | 수량 | 취득원가 | 예상판매가격 | 판매비용 |
|---|---|---|---|---|
| A | 500 | 8,000 | 10,000 | 3,000 |
| B | 200 | 7,500 | 10,000 | 3,000 |
| C | 100 | 6,000 | 8,000 | 1,500 |
| D | 400 | 5,000 | 6,000 | 1,500 |
| E | 300 | 10,000 | 13,000 | 1,000 |

〈보 기〉

ㄱ. 재고자산의 가치가 순실현가능가치로 정해지는 제품은 모두 4종류이다.

ㄴ. 취득원가와 재고자산의 가치의 차가 가장 큰 제품은 A이다.

ㄷ. 저가법으로 계산한 甲의 재고자산의 총 평가손실액은 800,000원이다.

ㄹ. 甲이 보유한 모든 재고자산을 예상판매가격대로 판매한다면, 甲은 이익을 볼 것이다.

① ㄱ, ㄴ

② ㄱ, ㄷ

③ ㄴ, ㄷ

④ ㄴ, ㄹ

⑤ ㄷ, ㄹ

문6. ○○시는 시립도서관 건립기금을 마련하기 위해 시민들을 대상으로 〈규칙〉과 〈질문〉에 근거해 설문조사를 실시하였다. 다음 〈설문결과〉를 근거로 판단할 때, 〈보기〉에서 옳지 않은 것만을 모두 고르면?

─〈규 칙〉─

○ 조사원은 응답자에게 해당 사업을 위해 제시된 금액을 지불할 의사가 있는지 묻는다. 조사원은 응답자의 답변이 '예'인 경우 처음 제시금액보다 많은 금액을, '아니오'인 경우 최초 제시금액보다 적은 금액을 제시하며 다시 한 번 지불 의사가 있는지 질문함으로써 응답자의 지불 의사 금액 범위를 좁혀 나가게 된다.

○ 질문은 3회로 한정하고, 마지막 질문에 대한 응답자의 답변이 '예'인 경우 해당 금액을, '아니오'인 경우 해당 금액의 70%를 지불 의사 금액으로 간주한다.

○ 3회의 질문에 모두 '아니오'로 답한 경우, 지불 의사가 없는 것으로 간주한다.

─〈질 문〉─

문 1. 귀하 가구에서는 시립도서관 건립을 위해 [최초 제시금액]을 지불할 용의가 있으십니까?
　ⓐ 있다 ☞ 문 2로
　ⓑ 없다 ☞ 문 3으로

문 2. 그러면, 시립도서관 건립을 위해 [직전 제시금액의 200%]를 지불할 용의가 있으십니까?
　ⓐ 있다 ☞ 문 2 반복
　ⓑ 없다 ☞ 문 3으로 (단, 50%를 75%로 수정)

문 3. 그러면, 시립도서관 건립을 위해 [직전 제시금액의 50%]를 지불할 용의가 있으십니까?
　ⓐ 있다 ☞ 문 2로 (단, 200%를 150%로 수정)
　ⓑ 없다 ☞ 문 3 반복

〈설문결과〉

| 참가자 | 첫 번째 질문 | 두 번째 질문 | 세 번째 질문 |
|---|---|---|---|
| A | ⓐ | ⓐ | ⓐ |
| B | ⓑ | ⓐ | ⓑ |
| C | ⓑ | ⓐ | ⓐ |
| D | ⓐ | ⓑ | ⓐ |
| E | ⓑ | ⓑ | ⓐ |

─〈보 기〉─

ㄱ. 최초 제시금액이 1,000원이라면, A는 시립도서관 건립을 위해 4,000원을 지불할 용의가 있다.

ㄴ. 최초 제시금액이 1,000원이라면, B는 시립도서관 건립을 위해 550원 이상을 지불할 용의가 있다.

ㄷ. 최초 제시금액이 2,000원일 때 B가 시립도서관 건립을 위해 지불할 용의가 있는 금액은 최초 제시금액이 1,000원일 때 D가 지불할 용의가 있는 금액보다 많다.

ㄹ. 최초 제시금액이 1,000원이라면, A~E는 모두 시립도서관 건립을 위해 250원 이상을 지불할 용의가 있다.

① ㄱ, ㄷ
② ㄱ, ㄹ
③ ㄴ, ㄷ
④ ㄴ, ㄹ
⑤ ㄷ, ㄹ

문 7. 다음 글을 근거로 판단할 때, 〈보기〉에서 웹사이트의 개인정보 취급 방식으로 옳지 않은 것만을 모두 고르면?

개인정보는 생존하는 개인에 관한 정보로서 특정 개인을 식별할 수 있는 일체의 정보를 뜻한다. 즉, 이름, 주민번호, 전화번호, 주소 등 한 개인에 관한 모든 정보가 개인정보가 될 수 있다. 웹사이트에서 개인정보를 취급할 때에는 개인정보의 수집·이용목적, 수집하는 개인정보의 항목, 개인정보의 보유 및 이용기간의 세 가지 항목에 각각 동의를 받아야 하며, 웹사이트 운영자는 이용자가 필수적으로 알아야 할 개인정보보호에 관한 운영방침을 웹사이트의 첫 화면에 '개인정보취급방침'이라는 명칭으로 공개해야 한다.

개인정보 수집·이용 동의는 회원가입뿐만 아니라 상담, 게시판, 입사지원, 예약 등 개인정보가 수집되는 모든 곳에 동의 절차가 있어야 한다. 동의 절차는 동의할 내용을 보여주고 〈동의함, 동의 안 함〉의 절차가 있어야 하고, 동의할 내용 외에 다른 내용을 포함하고 있지 않아야 한다. 개인정보 수집에 관한 동의 절차를 이용약관에 포함하여 함께 동의를 받을 수 없고 별도 분리하여 동의를 받아야 한다. 개인정보를 수집하고 있음에도 동의 절차가 없거나, 세 가지 동의 항목 중 전부 또는 일부를 누락하거나, 이용약관에 포함하여 동의를 받거나 개인정보취급방침 전체를 동의받는 것은 허용되지 않는다.

─────〈보 기〉─────

ㄱ.

| 개인정보취급방침 |
| --- |
| 1. 수집·이용목적 <br> … <br> 2. 수집하는 항목 <br> … <br> 3. 보유 및 이용기간 <br> … |
| 위 개인정보취급방침에 동의하십니까? <br> □ 예  □ 아니오 |

ㄴ.

| 이용약관 |
| --- |
| 1. ○○○○ <br> … <br> 2. △△△△ <br> … <br> 3. ◇◇◇◇ <br> … |
| 이용약관 및 개인정보보호 취급방침에 모두 동의하십니까? <br> □ 예  □ 아니오 |

ㄷ.

| 회원가입 | |
| --- | --- |
| 아이디 | |
| 비밀번호 | |
| 이름 | |
| 주민번호 | |
| 생년월일 | |
| 회원가입   취소 | |

ㄹ.

| 비회원 구매 |
| --- |
| 1. 비회원 구매를 위한 개인 정보 수집·이용목적에 관한 사항 <br> ……… |
| 위 개인정보취급방침에 동의하십니까? <br> □ 예  □ 아니오 |

① ㄱ, ㄴ
② ㄴ, ㄹ
③ ㄱ, ㄴ, ㄷ
④ ㄴ, ㄷ, ㄹ
⑤ ㄱ, ㄴ, ㄷ, ㄹ

문8. 다음 글을 근거로 판단할 때, 〈보기〉에서 옳은 것만을 모두 고르면?

> A~D가 게임을 하여 순위를 정하고자 한다. 게임의 규칙은 다음과 같다.
> ○ 4명이 동시에 퀴즈를 1개 풀고, 퀴즈를 푼 순서대로 점수를 얻는다. 4명이 모두 퀴즈를 풀고 나면 한 라운드가 끝난다.
> ○ 퀴즈를 가장 빨리 푼 사람은 40점, 두 번째는 30점, 세 번째는 20점을 얻고, 퀴즈를 마지막으로 푼 사람은 10점을 얻는다. 단, 퀴즈를 동시에 푼 사람은 없는 것으로 간주한다.
> ○ 게임은 총 6라운드로 진행되며, 6라운드까지의 득점의 합으로 순위를 정한다.
>
> 〈게임 결과〉
> 2라운드 종료 후 A와 B는 70점을 득점하였고, C와 D는 30점을 득점하였다. 4명은 모두 1라운드에서 얻는 점수와는 다른 점수를 2라운드에서 얻었다. 4라운드 종료 후 A는 130점, B는 100점, C는 90점, D는 80점을 얻었다. 게임 종료 후 B는 180으로 단독 선두가 되었고, 나머지 세 명 중 두 명은 득점이 같았다.

〈보 기〉
ㄱ. 게임 종료 후 득점이 같은 사람은 A와 D가 아니다.
ㄴ. B는 6라운드까지 40점, 30점, 20점, 10점을 최소한 한 번씩 얻었다.
ㄷ. C가 마지막 두 라운드에서 각각 10점과 20점을 얻었다면, C와 D의 최종 순위는 같을 수 있다.

① ㄱ
② ㄴ
③ ㄱ, ㄴ
④ ㄴ, ㄷ
⑤ ㄱ, ㄴ, ㄷ

문9. 다음 글을 근거로 판단할 때, 〈보기〉에서 옳은 것만을 모두 고르면?

> ○○시 7개 조기축구팀(A~G)은 모든 상대방과 한 번씩 시합을 한다. 시합에 이기면 ○로 표시하고 지면 ×로 표시한다. △는 무승부를 뜻한다. 이긴 팀에게는 승점 2점이 주어지고 비긴 팀에게는 1점, 진 팀에게는 0점이 주어진다. 승점의 합으로 1위부터 6위까지의 순위를 매긴다. 시합 결과표는 훼손되어 일부 기록이 누락되었다.

| | A | B | C | D | E | F | G |
|---|---|---|---|---|---|---|---|
| A | | ○ | ○ | ○ | × | ○ | × |
| B | × | | △ | | | △ | × |
| C | × | △ | | ○ | × | × | ○ |
| D | × | × | × | | | | |
| E | ○ | × | ○ | | | | |
| F | × | △ | ○ | | | | |
| G | ○ | ○ | × | | | | |

> 시합 결과표를 읽는 방법은 다음과 같다. 첫 번째 가로 행(왼쪽부터 순서대로 ○ ○ ○ × ○ ×)은 각 팀을 상대한 A팀의 시합 결과를 나타낸다. 즉, A팀은 B, C, D, F팀과의 시합에서 승리하였고 E, G팀에게 패하였다. 따라서 A팀의 총 전적은 4승 2패이다. 첫 번째 세로열(위에서부터 순서대로 × × × ○ × ○)은 A팀을 상대한 각 팀의 시합 결과를 나타낸다. 즉, B, C, D, F팀은 A팀을 상대하여 패하였고 E, G팀은 A팀을 상대하여 승리하였다.
> 모든 시합이 끝난 후 승점을 계산해 본 결과 A팀과 E팀이 동률 1위를 차지하였고, F팀과 G팀은 동률 3위를 차지하였다. 두 팀이 동률 1위를 차지할 경우, 2위 팀은 따로 정하지 않는다.

〈보 기〉
ㄱ. E팀이 G팀을 이겼다면, F팀은 G팀에게 졌을 것이다.
ㄴ. F팀이 G팀을 이겼다면, E팀도 G팀에게 이겼을 것이다.
ㄷ. E팀은 F, G팀과의 경기에서 모두 무승부를 거두었을 수도 있다.
ㄹ. G팀은 D팀과 비겼을 것이다.

① ㄱ, ㄷ
② ㄴ, ㄹ
③ ㄱ, ㄴ, ㄹ
④ ㄱ, ㄷ, ㄹ
⑤ ㄴ, ㄷ, ㄹ

문 10. 다음 글과 〈국가별 평가점수〉, 〈상황〉을 근거로 판단할 때, ⓐ~ⓔ로 적절한 것은?

> 멜버른-머서 글로벌 연금지수(MMGPI)는 은퇴 후 지급하는 연금액의 적정성, 연금 시스템을 장기적으로 유지할 수 있는 지속가능성 및 연금제도가 효율적으로 운영될 수 있는 운영 요건의 완전성을 종합 평가하여 산출한 지수이다.
>
> 적정성은 연금지급액이 만족스러운 수준인지 보여주는 속성으로 평균소득 대비 최소연금 수준, 연금의 소득대체율(퇴직 전 평균 임금 대비 연금 수급액의 비중), 저축률 등을 평가하여 측정하고 최종 점수에 40%를 반영한다. 지속가능성은 정부 재정을 감안하여 연금지급이 지속적으로 이루어질 수 있는지를 보여주는 속성으로 총인구 대비 근로인구비율, 연금자산이 국내총생산(GDP)에서 차지하는 비율, 근로소득 대비 현재 연금 부담비율, 정부부채비율, 출산율 등을 평가하여 측정하고 최종 점수에 35%를 반영한다. 완전성은 연금제도를 보완하는 제도적 장치와 규제의 정도를 보여주는 속성으로 연금정책이 정부의 규제와 감시를 받고 있는지, 연금자산은 고용주와 분리된 법적 실체를 가지고 운영되는지 등을 평가하여 최종 점수에 25%를 반영한다. 최종 점수별 연금지수 등급은 다음과 같다.

| 연금지수 | 등급 |
|---|---|
| 81점 이상 | A |
| 65점 이상 ~ 81점 미만 | B |
| 50점 이상 ~ 65점 미만 | C |
| 35점 이상 ~ 50점 미만 | D |
| 34점 이하 | E |

〈국가별 평가점수〉

| 국가 | 적정성 | 지속가능성 | 완전성 |
|---|---|---|---|
| ⓐ | 80 | 85 | 85 |
| ⓑ | 70 | 80 | 90 |
| ⓒ | 60 | 50 | 70 |
| ⓓ | 55 | 50 | 40 |
| ⓔ | 60 | 40 | 60 |

〈상 황〉

○ 甲국은 높은 저축률, 적절한 사적연금제도 및 안정적인 연금지급 등 모든 평가기준에서 높은 점수를 받아 A등급을 받았다.

○ 乙국은 C등급을 받았으며, 최종 점수에 반영된 지속가능성 점수와 완전성 점수가 일치하였다.

○ 丙국은 효율적인 연금제도로 높은 점수를 받았으나, 소득대체율 등에서 개선할 여지가 있어 B등급을 받았다.

○ 丁국은 개인의 사적연금에 대한 준비도 및 투자 성과 모니터링의 부족 등이 지적되어 D등급을 받았다.

○ 戊국은 C등급을 받았으며, 고령화와 출산율 저하로 미래 세대의 연금 부담이 갈수록 늘어나고 있어 지속가능성에서 5개국 중 최하 점수를 받았다.

① ⓐ - 甲, ⓑ - 丙, ⓒ - 乙, ⓓ - 丁, ⓔ - 戊
② ⓐ - 丙, ⓑ - 甲, ⓒ - 丁, ⓓ - 戊, ⓔ - 乙
③ ⓐ - 甲, ⓑ - 丙, ⓒ - 乙, ⓓ - 戊, ⓔ - 丁
④ ⓐ - 丙, ⓑ - 甲, ⓒ - 乙, ⓓ - 丁, ⓔ - 戊
⑤ ⓐ - 甲, ⓑ - 丙, ⓒ - 戊, ⓓ - 丁, ⓔ - 乙

문11. ○○시는 5개 구(甲 ~ 戊)로 이루어져 있다. 다음 〈그림〉과 〈조건〉을 근거로 판단할 때, 5개 구의 위치로 가능하지 않은 것은?

〈그림〉 ○○시의 행정구획도

─〈조 건〉─

○ A ~ D는 ○○시에 거주하고 있으며, 4명 모두 서로 다른 구에 거주한다.
○ 甲구와 乙구는 각각 3개 구와 인접해 있다.
○ A는 丁구에 거주하고 있다.
○ B가 거주하는 구와 A가 거주하는 구는 서로 인접해 있다.
○ C가 거주하는 구와 D가 거주하는 구는 서로 인접해 있지 않으며, 각각 乙구와 인접해 있다.

①

②

③

④

⑤

문12. 다음 글을 근거로 판단할 때, 〈보기〉에서 반드시 옳은 것만을 모두 고르면?

재정관리국 A과장은 국정보고 준비를 위해 6명의 사무관(B ~ G)과 자신을 포함한 7명을 재정제도, 민간투자정책, 회계결산의 3개 팀으로 구성하고자 한다. 팀 구성에 있어 각 팀의 인원은 2 ~ 3명으로 하고 사무관들의 요구사항을 모두 수용하기로 하였다.

○ B와 C는 서로 같은 팀이 되고 싶어 한다.
○ D는 E와 같은 팀이 되고 싶어 하지 않는다.
○ E는 민간투자정책팀이 되고 싶어 한다.
○ F는 회계결산팀이 되고 싶어 하지 않는다.
○ G는 F와 같은 팀이 되고 싶어 하지 않으며, 구성원이 3명 이상인 팀에 들어가고 싶어 한다.

─〈보 기〉─

ㄱ. A는 D와 같은 팀이다.
ㄴ. A와 F는 같은 팀이 아니다.
ㄷ. A가 속한 팀의 인원은 3명이다.
ㄹ. G는 민간투자정책팀이 될 수 있다.

① ㄱ
② ㄴ
③ ㄱ, ㄷ
④ ㄴ, ㄹ
⑤ ㄷ, ㄹ

문 13. 다음 〈그림〉과 〈조건〉을 근거로 판단할 때, 교차점(●) A ~ F의 정확한 위치를 알기 위해 추가해야 할 조건으로 적절한 것은? (단, 교차점 사이의 최단거리는 도로를 통해서만 가는 거리를 뜻한다)

〈그림〉 甲시의 도로

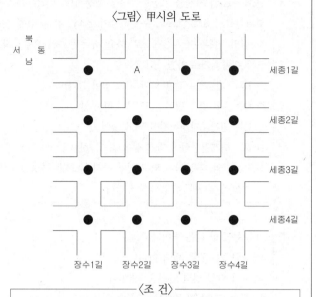

〈조 건〉

○ A 교차점은 B 교차점과 같은 길에 있으며, B 교차점의 서쪽에 인접해 있다.

○ B 교차점은 E 교차점과 같은 길에 있지 않으며, E 교차점에서 정북 방향으로 두 번째 교차점과 같은 길에 있다.

○ C 교차점은 B 교차점과 같은 길에 있으며, B 교차점보다 남쪽에 위치한다.

○ D 교차점은 C 교차점에서 정북 방향으로 두 번째 교차점이다.

○ F 교차점은 A 교차점을 동서 방향으로 통과하는 길과 E 교차점을 남북으로 통과하는 길이 만나는 교차점의 남쪽에 인접해 있다.

① F 교차점은 E 교차점보다 북쪽에 있다.

② F 교차점과 D 교차점은 서로 인접해 있지 않다.

③ B 교차점에서 E 교차점까지의 거리는 A 교차점에서 F 교차점까지의 거리보다 멀다.

④ A 교차점에서 F 교차점까지의 거리는 B 교차점에서 C 교차점까지의 거리보다 가깝다.

⑤ A 교차점에서 C 교차점까지의 거리는 B 교차점에서 F 교차점까지의 거리보다 가깝다.

문 14. 다음 글을 근거로 판단할 때, 〈보기〉에서 옳은 것만을 모두 고르면? (단, 연도는 서기연도만 고려하고, 오늘은 2013년 2월 2일이다)

연, 월, 일에 모두 동일한 숫자가 사용된 2012년 12월 12일은 세계 각국 사람들에게 어떤 의미일까. 미국 CNN방송은 2012년 12월 12일을 매우 역사적인 날이라고 평가했다. 앞으로 남은 21세기(2001 ~ 2100년) 기간 중 연, 월, 일에 모두 같은 숫자가 들어가는 날은 2012년 12월 12일이 마지막이기 때문이다.

※ 연도의 네 자리 숫자는 □□/□□로 구별하고 □□는 00~99까지의 숫자가 사용된다.

※ 월은 1~12까지의 숫자가, 일에는 1~31까지의 숫자가 사용된다.

〈보 기〉

ㄱ. 2012년 12월 12일과 같이 연, 월, 일에 모두 동일한 숫자가 사용된 날은 21세기에 모두 12번 있었다.

ㄴ. 1220년 12월 12일과 같이 연도의 뒤 두 자리를 제외한 나머지 숫자와 월, 일에 모두 동일한 숫자가 사용된 날은 서기 99년 이후 지금까지 모두 1,200번 있었다.

ㄷ. 2012년 12월 12일과 같이 연, 월, 일에 모두 동일한 숫자가 사용된 날은 앞으로 89년 후에나 있을 예정이다.

ㄹ. 연, 월, 일이 동일한 두 자리 숫자 4개로 이루어진 날은 역사상 모두 세 번 있었다.

① ㄱ, ㄴ

② ㄱ, ㄹ

③ ㄱ, ㄴ, ㄹ

④ ㄴ, ㄷ, ㄹ

⑤ ㄱ, ㄴ, ㄷ, ㄹ

문 15. 다음 글과 〈표〉를 근거로 판단할 때, A가 반드시 선발되게 하는 방법으로 적절한 것은? (단, 선발 기일까지 남은 기간 동안 A가 노력하여 본인의 상태를 개선시킬 수 있고, 다른 지원자들의 최종점수는 최대 5점까지 상승할 수 있다)

○ 甲부처는 중간평가점수에 가점 및 감점을 더한 최종점수가 가장 높은 2명을 국비장학생으로 선발할 계획이다.
○ 평가점수는 4개 항목(전문지식, 국가관, 수학계획서, 발전가능성)을 평가하여 그 합계로 계산한다. 선발 전 마지막으로 한차례 더 평가를 실시하여 최종평가점수를 확정할 예정이다.
○ 아래의 각 항목들은 중복 적용이 가능하며, 각자의 평가점수에서 가감된다.
1. 가점 부여 항목(각 10점)
　가. 외국어 시험에서 110점 이상을 취득한 자
　나. 집중교육훈련 이수경력이 있는 자
　다. 최근 3년간 근무성적평정에서 '우수' 평가를 3년 연속하여 받은 자
2. 감점 부여 항목(각 5점)
　가. 외국어 시험에서 90점 이하를 취득한 자
　나. 견책 이상의 공무원 징계를 1회 이상 받은 자
　다. 최근 3년간 근무성적평정에서 '미흡' 평가를 1회 이상 받은 자

〈표〉 지원자별 평가 현황

| 구분 | 중간평가점수 | | | | 외국어 점수 | 최근 3년간 근무성적평정 | 기타 |
|---|---|---|---|---|---|---|---|
| | 전문 지식 | 국가관 | 수학 계획서 | 발전 가능성 | | | |
| A | 20 | 15 | 10 | 25 | 90 | 우수/양호/우수 | |
| B | 20 | 20 | 20 | 20 | 110 | 우수/우수/양호 | 견책 1회 |
| C | 20 | 20 | 25 | 15 | 100 | 양호/우수/우수 | |
| D | 25 | 25 | 20 | 20 | 80 | 우수/우수/우수 | |
| E | 20 | 10 | 15 | 15 | 120 | 우수/미흡/우수 | 집중교육 훈련이수 |

① 외국어 점수를 110점으로 향상시킨다.
② 국가관 항목을 25점으로 향상시키고, 외국어 점수를 110점으로 향상시킨다.
③ 외국어 점수를 110점으로 향상시키고, 집중교육훈련을 이수한다.
④ 수학계획서 항목을 25점으로 향상시키고, 집중교육훈련을 이수한다.
⑤ 전문지식 항목을 25점으로 향상시키고, 외국어 점수를 110점으로 향상시키며, 집중교육훈련을 이수한다.

문 16. 다음 글을 근거로 판단할 때, 〈보기〉에서 옳은 것만을 모두 고르면?

> 제00조 ① 국은 소관 업무의 성질이나 양이 4개 과 이상의 하부조직이 필요한 경우에 설치한다.
> ② 실·본부(본부는 시·도에 한한다)는 업무의 성질상 국이나 과로서는 그 목적달성이 곤란하다고 인정되는 경우에 설치한다.
> ③ 과는 12명(시·도는 5급 4명 이상, 시·군·구는 6급 4명 이상 포함) 이상의 정원이 필요한 업무량이 있는 경우에 한하여 설치한다.
> 제00조 ① 지방자치단체는 인구 수가 [별표]의 기구설치기준을 2년간 연속하여 매년 100분의 10 이상을 미달하는 때에는 그 다음 해 1월 1일부터 6월 30일까지 [별표]의 기구설치기준에 합치되게 실·국·본부의 수를 감축하여야 한다.
>
> [별표]
> 기구설치기준
>
> | 구분 | | 실·국·본부 |
> |---|---|---|
> | 서울특별시 | | 14개 이내 |
> | 광역시 | 인구 300만 명 이상 ~ 500만 명 미만 | 12개 이내 |
> | | 인구 200만 명 이상 ~ 300만 명 미만 | 11개 이내 |
> | | 인구 200만 명 미만 | 10개 이내 |
> | 세종특별자치시 | | 5개 이내 |
> | 도 | 경기도 | 18개 이내 |
> | | 인구 300만 명 이상 ~ 400만 명 미만 | 11개 이내 |
> | | 인구 200만 명 이상 ~ 300만 명 미만 | 10개 이내 |
> | | 인구 100만 명 이상 ~ 200만 명 미만 | 9개 이내 |
> | 구 | 특별시의 구 | 5개 이내 |
> | | 광역시의 구　인구 10만 명 미만 | 2개 이내 |
> | | 광역시의 구　인구 10만 명 이상 50만 명 미만 | 3개 이내 |
> | | 광역시의 구　인구 50만 명 이상 | 4개 이내 |
>
> ※ 시·도는 특별시, 광역시, 특별자치시나 특별자치도를, 시·군·구는 시, 군, 자치구를 말한다.

〈보 기〉

ㄱ. 충청남도 천안시는 여름철 태풍과 겨울철 폭설 피해에 신속하게 대처하고자 재해대책본부를 설치하여 운영하고 있다.

ㄴ. 서울특별시와 서울특별시에 속한 25개 구에 설치된 실·국·본부의 수는 140개 이상이 되어서는 안 된다.

ㄷ. 인구 200만 명 미만인 전라남도에 설치된 5개의 국에 근무하는 사무관 수는 80명 이상이다.

ㄹ. 2021년까지 55만 명이었던 대전광역시 ○○구의 인구가 2022년과 2023년에 47만 명으로 조사되었을 경우, 해당 구는 2024년 6월 30일까지 실·국·본부의 수를 1개 감축하여야 한다.

① ㄱ, ㄴ
② ㄴ, ㄷ
③ ㄱ, ㄴ, ㄹ
④ ㄱ, ㄷ, ㄹ
⑤ ㄴ, ㄷ, ㄹ

문 17. 다음 글과 〈상황〉을 근거로 판단할 때, 헤드의 총 이동거리가 짧은 스케줄링부터 순서대로 나열한 것은? (단, 트랙 간 거리는 모두 같다)

하드디스크 제어기는 '디스크 스케줄링'을 통해 헤드가 목적 트랙까지 이동하는 거리를 최소화한다. 트랙은 하드디스크 원판의 가장 안쪽부터 바깥쪽으로 순서대로 번호를 부여한다. 트랙에 새로운 정보를 쓰거나 저장된 정보를 읽고자 하는 정보처리 요청이 들어올 경우 헤드는 원판 위를 움직이며 읽거나 쓰기를 원하는 트랙의 위치로 이동한다. 이때 헤드가 원하는 트랙을 찾아 정보를 읽거나 쓰는 데에는 시간이 필요하므로 여러 개의 정보처리 요청이 동시에 들어올 경우 실시간으로 처리하지 못하고 요청이 들어온 순서대로 대기열을 구성하게 된다. 디스크 스케줄링 방식에는 네 가지가 있다.

1. FCFS 스케줄링: 요청 순서대로 데이터를 처리하는 방식
2. SSTF 스케줄링: 헤드가 현재 위치로부터 이동 거리가 가장 가까운 트랙 순서로 이동하는 방식(단, 이동 거리가 같은 트랙이 대기열에 2개 이상 있을 경우, 번호가 큰 트랙을 우선한다)
3. SCAN 스케줄링: 헤드가 디스크의 양 끝을 오가면서 이동 경로 위에 포함된 트랙에 대한 요청을 처리하는 방식
4. LOOK 스케줄링: 헤드가 대기열에 있는 트랙의 최댓값과 최솟값을 먼저 파악하여 그 사이로만 오가며 요청을 처리하는 방식

※ 트랙: 하드디스크 상에 정보를 저장하기 위해 구획된 물리적 공간
※ 헤드: 트랙에 정보를 쓰거나 이미 저장되어 있는 정보를 읽는 장치

〈상 황〉

현재 하드디스크에는 150개의 트랙이 있고 가장 안쪽의 트랙이 0번이다. 현재 헤드의 위치는 50번 트랙 위이고 대기열에는 99, 35, 125, 15, 65번 트랙에 대한 처리 요청이 들어와 있다. 헤드는 처리 요청을 모두 완료하는 즉시 이동을 중단한다.
A. FCFS 스케줄링 방식으로 대기열의 요청을 처리한다.
B. SSTF 스케줄링 방식으로 대기열의 요청을 처리한다.
C. SCAN 스케줄링 방식으로 대기열의 요청을 처리하되, 헤드가 현재 위치에서 트랙 0번 방향으로 먼저 이동한다.
D. LOOK 스케줄링 방식으로 대기열의 요청을 처리하되, 헤드가 현재 위치에서 대기열의 최솟값 방향으로 먼저 이동한다.

① C < D < B < A
② D < B < C < A
③ D < B = C < A
④ B < D < A = C
⑤ B = D < A < C

문 18. 다음 글을 근거로 판단할 때, 〈표〉의 A ~ D에 들어갈 어휘의 조합으로 옳은 것은?

> 팔고조도(八高祖圖)는 4대까지의 조(祖) 및 외조(外祖)의 계통도이다. 특정인의 가계를 본인으로부터 위로 고조까지 소급했을 때 부(父)대에서는 부모 2명이 되고 조(祖)대에서는 4명(조부, 조모, 외조부, 외조모)이 되며 증조(曾祖)대에서는 8명, 고조(高祖)대에서는 16명이 된다. 증조대의 8명 중 4명은 증조부이고 4명은 증조모이다. 고조대의 16명 중 8명은 고조부이고 8명은 고조모에 해당한다.
>
> 팔고조도에서는 유교 전통에 따라 부계 조상을 직계가족이라 하고 나의 직계가족을 본가(本家)라 부른다. 나의 어머니의 직계가족은 외가(外家)이다. 본가와 외가에 진외가(陳外家, 나의 조모의 직계가족)와 외외가(外外家, 나의 외조모의 직계가족)를 더하여 사증조가(四曾祖家)라 부른다. 예컨대 나의 직계가족인 조부의 아버지는 '증조부'로 호칭하고, 나의 외가인 외조부의 아버지는 '외증조부'로 호칭한다. 나의 조부의 어머니는 '증조모'이고 나의 조모의 어머니는 '진외증조모'이다.
>
> 사증조가 외에도 조대 4명의 외가를 합하여 내가 속하는 가문은 모두 여덟 가문이 된다. 나의 조부의 외가는 증외가(曾外家), 조모의 외가는 진외증외가(陳外曾外家), 외조부의 외가는 외증외가(外曾外家), 외조모의 외가는 외외증외가(外外曾外家)이다.

〈표〉 팔고조도

| 나(我) | 부·모 | 조·외조 | 증조 | 고조 | 가 |
|---|---|---|---|---|---|
| 나(我) | 부 | 조부 | 증조부 | 고조부 | 본가 |
| | | | | 고조모 | |
| | | | 증조모 | 증외고조부 | 증외가 |
| | | | | 증외고조모 | |
| | | 조모 | 진외증조부 | 진외고조부 | [A]가 |
| | | | | 진외고조모 | |
| | | | 진외증조모 | [B]고조부 | [B]가 |
| | | | | [B]고조모 | |
| | 모 | 외조부 | 외증조부 | 외고조부 | 외가 |
| | | | | 외고조모 | |
| | | | 외증조모 | [C]고조부 | [C]가 |
| | | | | [C]고조모 | |
| | | 외조모 | [D]조부 | 외외고조부 | 외외가 |
| | | | | 외외고조모 | |
| | | | [D]조모 | 외외증외고조부 | 외외증외가 |
| | | | | 외외증외고조모 | |

| | A | B | C | D |
|---|---|---|---|---|
| ① | 진외 | 증외진외 | 외증외 | 외외증 |
| ② | 외진외 | 진외증외 | 외증외 | 외외증외 |
| ③ | 진외 | 진외증 | 외증외 | 외외증 |
| ④ | 외진외 | 진외증외 | 진외증외 | 외외증외 |
| ⑤ | 진외 | 증외진외 | 진외증외 | 외외증외 |

문 19. 다음 글을 근거로 판단할 때, 〈보기〉에서 옳은 것만을 모두 고르면?

백제금동대향로는 꿈틀거리는 용의 형상을 한 받침대, 불교를 상징하는 연꽃 모양으로 장식된 몸체, 23개의 산들이 4~5겹으로 첩첩산중을 이루는 풍경이 조각되어 있는 뚜껑과 뚜껑 위에 부착된 봉황 장식으로 구성되어 있다. 뚜껑과 몸체, 다리를 구리합금으로 각각 따로 주조한 후 금으로 도금하였다.

뚜껑 정상에는 턱 밑에 여의주를 끼고 날개를 활짝 핀 봉황이 있고, 봉황의 가슴에 있는 2개의 구멍을 포함하여 모두 12개의 연기 구멍이 뚫려 있다. 뚜껑에는 용, 인면수 등 상상의 동물과 호랑이, 멧돼지, 사슴 등 39마리의 현실세계의 동물을 포함한 42마리의 짐승, 그리고 5인의 악사를 비롯한 17명의 인물이 74개의 봉우리와 그 사이사이에 돋을새김으로 조각되어 있다. 5인의 악사는 완함, 종적, 배소, 거문고, 북의 5가지 악기를 연주하고 있다. 정면을 바라보는 봉황 아래에 있는 완함을 기준으로 그 왼쪽으로 종적, 배소, 거문고, 북의 순으로 배치되어 있다. 원숭이와 코끼리 등 남방 동물이 조각된 것은 동남아 지역과의 활발한 교류를 상징한다. 이 외에도 6개의 나무와 12개의 바위, 산 중턱을 가르며 난 산길, 산 사이로 흐르는 시냇물, 폭포 등 도교적 형상과 이미지가 조각되어 있다.

몸체는 8개의 꽃잎으로 이루어진 세 겹의 연꽃 형상을 하고 있는데, 연꽃의 중앙과 꽃잎 사이에 2명의 인물과 사슴, 학, 물고기 등 27마리의 동물이 조각되어 있다. 받침대는 입으로 몸체를 받들고 있는 용의 형상을 하고 있다. 용은 한쪽 다리를 위로 치켜들었고 나머지 세 다리와 꼬리는 둥근 원형 받침 형태를 이룬다. 받침에는 6개의 꽃잎으로 이루어진 연꽃과 물결무늬가 조각되어 있다.

─────〈보 기〉─────

ㄱ. 백제금동대향로에는 모두 69마리의 동물이 조각되어 있다.

ㄴ. 백제금동대향로의 받침대는 여의주를 물고 있는 용의 형상을 하고 있다.

ㄷ. 백제금동대향로에는 백제가 동남아 지역과 교류하였음을 보여주는 증거가 있다.

ㄹ. 백제금동대향로는 불교와 도교사상이 복합적으로 적용되어 제작되었다.

① ㄱ, ㄴ

② ㄴ, ㄹ

③ ㄷ, ㄹ

④ ㄱ, ㄴ, ㄷ

⑤ ㄴ, ㄷ, ㄹ

문 20. 다음 글을 근거로 판단할 때, 반상에 대해 바르게 이해한 사람은?

반상(飯床)은 밥을 주식으로 하여 여기에 어울리는 반찬을 부식으로 구성한 상차림이다. 반상은 반찬의 가짓수에 따라 3첩, 5첩, 7첩, 9첩, 12첩 반상이 있다. 첩수는 밥, 국, 김치, 조치(찌개나 찜, 전골), 종지(장을 담은 그릇)를 제외한 쟁첩에 담는 반찬의 수를 가리킨다. 모든 반상에서 밥, 국, 김치, 간장은 기본으로 놓이고 5첩 반상 이상에는 찌개를, 7첩 반상에는 찌개와 찜을, 9첩 반상 이상에는 찌개, 찜, 전골을 기본으로 놓는다. 찬으로 전, 회, 편육을 놓을 때에는 초간장, 초고추장도 곁들인다. 첩수가 늘어나면 김치도 두세 가지 종류를 더 놓으며 7첩 반상 이상의 경우 반찬을 한 상 위에 모두 차릴 수 없으므로 곁상을 놓는다. 한 상에 같은 재료가 중복되지 않게 차리는 것이 원칙이다.

3첩 반상은 가장 기본적인 반상으로 밥, 국, 김치, 종지(간장)에 생채(무침)나 숙채(나물) 중 한가지와 조림이나 구이 중 한 가지, 마른반찬류(장아찌, 젓갈, 마른반찬) 한 가지로 구성한다. 5첩 반상은 밥, 국, 김치 두 가지, 종지 두 가지(간장, 초간장), 조치 한 그릇과 5가지 반찬(생채나 숙채, 구이, 조림, 전, 마른반찬류 한 가지)으로 구성된다. 7첩 반상은 밥, 국, 김치 두 가지, 종지 세 가지(간장, 초간장, 초고추장), 조치 두 그릇에 생채, 숙채, 구이, 조림, 전, 마른반찬류 한 가지, 회나 편육을 곁들인다. 조치 두 그릇 중 한 그릇은 장이나 젓갈로 맛을 낸 찌개로 하고 한 그릇은 갈비나 닭, 생선 등의 찜으로 한다. 구이, 조림, 전의 재료는 모두 다른 것으로 준비해야 한다. 9첩 반상은 7첩 반상과 구성이 같지만 김치, 조치, 생채, 구이가 하나씩 더 추가된다.

① 경선: 우리나라 사람은 밥을 먹을 때 국물이 있어야 하는데, 3첩 반상에는 국물이 없는 게 흠이야.

② 다솜: 오이무침과 더덕장아찌를 먹으려면 최소한 7첩 반상을 주문해야 돼.

③ 성호: 7첩 반상을 차리려면 그릇이 최소한 17개가 필요하겠어.

④ 아영: 된장찌개를 먹으려면 최소한 5첩 반상을 주문해야 되겠군.

⑤ 호철: 9첩 반상을 주문하면 더덕구이, 김치찌개, 닭찜, 돼지고기 편육, 광어회를 모두 먹을 수 있겠군.

※ [문21. ~ 문22.] 다음 글을 읽고 물음에 답하시오.

　　제주도는 화산활동에 의해 만들어진 화산섬으로 한라산 정상부를 제외하면 3 ~ 5°의 완만한 경사를 이룬다. '오름'은 큰 화산의 주 분화구 등성이에 생기는 작은 화산으로 주 분화구가 분출을 끝낸 뒤 화산 기저에 있는 마그마가 약한 지반을 뚫고 나와 생성된 기생 화산이다. 송악산은 시차를 두고 연속으로 분화하여 이중의 분화구를 갖는 특이한 모양새를 지니게 되었고, 산방산은 해저에서 오름이 형성된 후 융기과정을 거쳐 산 중턱에 파식 동굴인 산방굴과 해안가에 퇴적 지형인 용머리해안이 형성되는 독특한 모습을 띠게 되었다. 해저에서 솟아오른 오름은 성산일출봉처럼 한 면만 제주도와 연결된 모습을 띠기도 하고 우도나 차귀도, 비양도와 같이 제주도 지역의 섬이 되기도 하였다. 제주도에 분포하는 오름은 총 368개이다.

　　제주도의 화산활동은 물이 풍부한 대륙붕 위에서 시작되었다. 수면 아래 뜨거운 마그마가 차가운 물과 만나면 마그마는 급격히 냉각되고 물은 급격히 기화·팽창하여 폭발이 일어나게 된다. 이러한 화산분출 양식을 수성화산활동이라고 하는데, 제주도의 수성화산활동은 1백만 년이 넘도록 지속되었다. 그 결과 엄청난 양의 화산재가 바다에 쌓여 '서귀포층'이라는 지층을 만들었다. 서귀포층이 쌓여감에 따라 고도가 높아져 해수면 위로 제주도가 성장하자 수성화산활동은 점차 줄어들었고, 80만 년 전부터는 육상의 용암 분출이 우세하게 일어났다. 이렇게 분출한 용암은 서귀포층 위에 겹겹이 쌓이며 넓은 용암대지를 만들어 나갔다. 약 7천 년 전에 마지막 수성화산활동에 의한 폭발이 제주도의 동쪽 끝과 서남단에서 일어났으며, 이 폭발에 의해 송악산과 성산일출봉이 차례로 만들어졌다. 제주도의 화산분출은 3천 년 전까지 지속되었다.

　　2010년 유네스코는 제주도의 9개 지질명소를 세계지질공원으로 인증했다. 유네스코는 이전에도 제주도를 생물권보전지역(2002년), 세계자연유산(2007년)으로 지정·등재한 바 있다. 세계지질공원으로 인증된 지질명소는 한라산, 성산일출봉, 만장굴, 서귀포 패류화석층, 천지연 폭포, 대포동 주상절리 용암, 산방산, 용머리해안, 수월봉 등 제주도의 수성화산활동을 규명하는 핵심 지역 9곳이다. 이 가운데 한라산, 성산일출봉, 만장굴은 유네스코의 세계자연유산으로, 한라산은 생물권보전지역으로 지정돼 있다. 세계지질공원으로 지정되면 인증 후 8년간 4년마다 재평가를 받아야 하며, 특별히 보존이 필요한 지역을 제외하고는 개발이 허용된다. 다만 지정 후 유네스코의 재정적 지원은 없다. 제주도는 송악산과 우도, 비양도 등 14곳의 세계지질공원 추가 인증을 신청할 계획이다.

문21. 윗글을 근거로 판단할 때, 〈보기〉에서 옳지 않은 것만을 모두 고르면?

〈보 기〉
ㄱ. 제주도 지역에는 성산일출봉과 우도를 포함하여 368개의 오름이 있다.
ㄴ. 제주도의 수성화산활동은 3,000년 전까지 지속되었다.
ㄷ. 제주도의 지표면은 수성화산활동의 결과물인 서귀포층으로 이루어져 있다.
ㄹ. 제주도는 2018년까지 매년 세계지질공원 자격을 재평가받아야 한다.

① ㄱ, ㄷ
② ㄱ, ㄹ
③ ㄴ, ㄹ
④ ㄱ, ㄴ, ㄷ
⑤ ㄴ, ㄷ, ㄹ

문22. 甲은 5일간 제주도의 관광명소를 답사하고자 한다. 윗글과 다음 〈답사조건〉을 근거로 판단할 때, 제주도 답사 순서로 옳은 것은?

a: 우도　　　　　b: 만장굴
c: 성산일출봉　　d: 한라산
e: 용머리해안　　f: 송악산

〈답사조건〉
○ 세계자연유산으로 등재된 곳을 연이어 방문한다.
○ 세계지질공원으로 인증된 곳을 연이어 방문하되 가장 서쪽에 위치한 곳을 시작으로 동쪽으로 이동하면서 차례로 방문한다.
○ 오름을 연이어 방문하되 오름이 형성된 시기의 역순으로 방문한다.
○ 세계지질공원 인증을 추진 중인 곳을 연이어 방문한다.

① e - d - b - c - a - f
② f - a - c - b - d - e
③ e - d - b - c - f - a
④ f - c - a - b - d - e
⑤ e - d - b - a - c - f

문23. 다음 글을 근거로 판단할 때, 〈보기〉에서 옳은 것만을 모두 고르면?

2013년 3월 2일부터 19일까지 총 16개국이 출전한 가운데 열린 제2회 월드베이스볼클래식(WBC)은 지난 2006년 1회 대회와 비교할 때 몇 가지 점이 달라졌다. 16개국이 4개조로 나뉘어 리그전으로 1라운드를 치른 뒤 각조의 상위 2팀이 2라운드에 오르는 것은 같지만 2라운드의 대진 방식이 '풀 리그전'에서 '더블 엘리미네이션 토너먼트'로 바뀌었고, 4강 대진 방식도 2라운드의 같은 조 1, 2위 팀이 재대결하지 않는 방식으로 변경됐다. 리그전 대신 더블 엘리미네이션 제도로 바꾼 것은 승률이 동일한 상황에서 복잡한 경우의 수를 따져야 했던 문제점을 없애고 순수하게 경기의 승패로 상위 라운드 진출 팀을 가려내기 위한 것이다.

각 팀이 같은 조에 속한 상대팀들과 모두 한 경기씩을 하는 리그전과는 달리 더블 엘리미네이션 토너먼트는 두 번을 지면 탈락하는 토너먼트 방식이다. 첫 번째 경기에서 이긴 팀은 승자조가 되어 다른 경기의 승자와 겨루고, 첫 번째 경기에서 패한 팀은 패자조가 되어 다른 경기의 패자와 겨룬다. 승자조 경기에서 이긴 팀은 2승으로 다음 라운드 진출 자격을 얻고 패자조 경기에서 패한 팀은 2패가 되어 더 이상의 기회 없이 탈락한다. 패자조 경기에서 이긴 팀은 승자조 경기에서 패한 팀과 겨루는데, 여기서 이긴 팀이 다음 라운드에 진출한다. 다음 라운드에 진출하는 두 팀은 다시 경기를 하여 조 1, 2위를 가린다.

제2회 WBC는 2013년 3월 2일 일본 후쿠오카에서 A조 아시아 예선으로 시작하여 3월 19일 미국 샌프란시스코에서의 결승전으로 막을 내렸다. 1라운드는 일본 후쿠오카(A조), 대만 타이중(B조), 푸에르토리코 산후안(C조), 미국 피닉스(D조)에서 열렸다. A, B조의 1, 2위 팀은 2라운드 1조로 묶여 일본 도쿄에서, C, D조의 1, 2위 팀은 2라운드 2조로 묶여 미국 마이애미에서 각각 경기를 가져 이긴 팀이 샌프란시스코에서 열리는 4강에 진출하였다. 4강전과 결승전은 단판으로 승부를 겨룬다.

〈보 기〉

ㄱ. 제2회 WBC 대회와 제1회 WBC 대회의 총 경기 수는 같다.

ㄴ. 제1회 WBC 대회의 규칙에 따르면, 2라운드 1조 1, 2위가 모두 결승에 진출할 수 있다.

ㄷ. 제2회 WBC 대회 중 미국에서 열린 경기는 총 15경기이다.

ㄹ. 제2회 WBC 대회에 출전한 팀은 결승전을 포함하여 같은 상대방과 총 5번 경기할 수도 있다.

① ㄱ, ㄴ

② ㄱ, ㄷ

③ ㄴ, ㄹ

④ ㄱ, ㄴ, ㄷ

⑤ ㄴ, ㄷ, ㄹ

문 24. 다음 글을 근거로 판단할 때, 〈보기〉에서 옳은 것만을 모두 고르면?

발생(發生)이란 단세포의 수정란이 세포의 증식, 분화, 형태 형성을 거쳐 수십억 개의 세포로 이루어진 복잡한 개체가 되는 과정을 일컫는다. 생물학자들은 진화와 발생이 밀접한 관련을 맺고 있음에 주목했다. 즉, 단순한 생명체가 세대를 거듭하며 점차 복잡한 생명체로 진화하는 것이 발생과 비슷하다고 생각한 것이다. 진화발생생물학은 이러한 발상에서 출발하여 공통의 조상 관계를 밝히기 위해 생물들의 발생 과정을 연구하는 학문이다.

진화발생생물학은 발생 과정에서 생물의 부위 형성을 조절하는 호메오(Homeo) 유전자의 발견을 통해 학문적 지위를 획득할 수 있었다. 호메오 유전자는 생물의 형태 형성을 지배하는 유전자로서, 그 안의 특정 염기배열은 특정 신체 부위의 발생을 조절한다.

동물의 눈을 형성하는 유전자를 팍스-6(Pax-6) 유전자라고 한다. 초파리의 눈의 발생과 관련된 유전자는 아이리스 유전자라는 이름으로 불리고, 쥐의 경우에는 스몰아이 유전자라고 불린다. 초파리와 같은 곤충의 눈은 쥐와 같은 척추동물의 눈과는 구조와 재료, 그리고 작동 방식에서 엄청난 차이가 있다. 그런데 초파리의 아이리스 유전자를 생쥐에게, 생쥐의 스몰아이 유전자를 초파리에게 이식시켰더니 두 경우 모두 유전자를 제공한 종이 아닌 실험 대상 종의 눈이 발생하였다. 또한 초파리의 다리 발생 유전자 자리에 생쥐의 스몰아이 유전자를 이식했더니 초파리의 ⎡   ㉠   ⎤에 ⎡   ㉡   ⎤의 ⎡   ㉢   ⎤ 조직이 발생한다는 사실도 확인하였다. 따라서 초파리와 쥐의 공통조상이 팍스-6과 같은 호메오 유전자를 사용했으며 진화의 과정에서 이러한 유전자가 계속하여 재사용되고 보존되었음을 추정할 수 있다.

|  | ㉠ | ㉡ | ㉢ |
|---|---|---|---|
| ① | 눈 | 초파리 | 다리 |
| ② | 눈 | 생쥐 | 다리 |
| ③ | 다리 | 초파리 | 눈 |
| ④ | 다리 | 생쥐 | 눈 |
| ⑤ | 눈 | 생쥐 | 눈 |

문 25. 다음 글을 근거로 판단할 때, 〈보기〉에서 링겔만 효과의 사례만을 모두 고르면?

링겔만 효과란 집단에 참여하는 사람 수가 늘어갈수록 성과에 대한 1인당 공헌도가 오히려 떨어지는 집단적 심리 현상을 말한다. 독일 심리학자 링겔만이 집단 내 개인 공헌도를 측정하기 위해 줄다리기 실험을 했는데 그 결과, 참가자가 늘수록 한 사람이 내는 힘의 크기가 줄어드는 것으로 나타났다. 즉, 1대1 게임에서 1명이 내는 힘을 100으로 가정할 때, 2명이 참가하면 93, 3명일 때는 85, 8명일 때는 49로 떨어진 것이다.

이러한 효과를 심리학자 링겔만의 이름을 따 링겔만 효과라 부른다. 링겔만 효과는 조직 속에서 개인의 가치를 발견하지 못하고 여러 명 중 단지 한 명에 지나지 않는다는 생각이 드는 경우와, 개인의 책임이 명확하게 드러나지 않은 환경에 있는 경우에 발생하게 된다.

〈보 기〉

ㄱ. 대학수업을 듣는 甲은 조별 발표과제를 진행하는 과정에서 자신이 열심히 하지 않더라도 다른 조원이 잘 마무리를 해줄 것이라고 생각하여 건성으로 참여했다.

ㄴ. 합창단 단원인 乙은 악보를 미처 숙지하지 못한 상태로 연습에 참여하였지만, 자신이 입만 벙긋거려도 아무도 알아채지 못할 것이라고 생각했으므로 당황하지 않았다.

ㄷ. 시험을 칠 때 응시자의 수가 많아질수록 감독관의 감시가 소홀해지기 때문에 부정행위를 할 확률이 높아진다.

ㄹ. 마을에 사는 주민의 수가 늘어나는 경우, '나 하나쯤이야.' 하는 생각으로 자율적으로 정한 마을규칙을 준수하지 않는 사람이 늘어난다.

ㅁ. 이어달리기를 3명이 할 때보다 4명이 할 때 1인당 달리기 속도가 느려진다는 연구결과가 발표되었다.

① ㄱ, ㄴ
② ㄱ, ㄴ, ㄹ
③ ㄱ, ㄷ, ㄹ
④ ㄱ, ㄹ, ㅁ
⑤ ㄴ, ㄷ, ㅁ

약점 보완 해설집 p.2

# 제2회

# 실전동형
# 모의고사

문제 풀이 시작과 종료 시각을 정한 후, 실전처럼 기출문제를 풀어보세요.

___시 ___분 ~ ___시 ___분 (총 25문항 / 60분)

문1. 다음 글과 〈상황〉을 근거로 판단할 때, 각 협동조합의 조합원이 될 수 없는 사람만을 모두 고르면?

제00조(지역농업협동조합의 조합원의 자격) 지역농업협동조합의 조합원의 자격요건인 농업인의 범위는 다음 각 호와 같다.
　1. 1천 제곱미터 이상의 농지를 경영하거나 경작하는 자
　2. 1년 중 90일 이상 농업에 종사하는 자
　3. 잠종 0. 5상자[2만 립(粒) 기준상자]분 이상의 누에를 사육하는 자
　4. [별표 1]에 따른 기준 이상의 가축을 사육하는 자
　5. 농지에서 330제곱미터 이상의 시설을 설치하고 원예작물을 재배하는 자
　6. 660제곱미터 이상의 농지에서 채소·과수 또는 화훼를 재배하는 자

제00조(지역축산업협동조합의 조합원의 자격) 지역축산업협동조합의 조합원의 자격요건인 축산업을 경영하는 농업인의 범위는 다음 각 호와 같다.
　1. [별표 2]에 따른 기준 이상의 가축을 사육하는 사람

[별표 1]

| 구분 | 가축의 종류 | 사육 기준 |
|---|---|---|
| 대가축 | 소, 말, 노새, 당나귀 | 2마리 |
| 중가축 | 돼지※, 염소, 면양, 사슴, 개 | 5마리 (개는 20마리) |
| 소가축 | 토끼 | 50마리 |
| 가금 | 닭, 오리, 칠면조, 거위 | 100마리 |

[별표 2] (1종류 이상의 사육 기준을 충족해야 함)

| 가축의 종류 | 사육 기준 | 가축의 종류 | 사육 기준 |
|---|---|---|---|
| 소 | 2마리 | 산란계 | 500마리 |
| 돼지※ | 10마리 | 오리 | 200마리 |
| 양 | 20마리 | 꿀벌 | 10군 |
| 사슴 | 5마리 | 염소 | 20마리 |
| 토끼 | 100마리 | 개 | 20마리 |
| 육계 | 1,000마리 | 메추리 | 1,000마리 |

※ 젖 먹는 새끼 돼지는 제외

〈상 황〉

[지역농업협동조합의 경우]
○ 1년 중 반 이상을 농업에 종사하며 8백 제곱미터의 농지를 경영하는 A
○ 잠종 0. 2상자[2만 립(粒) 기준상자]분의 누에와 젖 먹는 새끼 돼지를 포함해 5마리의 돼지를 키우는 B
○ 500제곱미터 농지의 절반에 시설을 설치하고 원예작물을 재배하는 C

[지역축산업협동조합의 경우]
○ 다른 가축 없이 육계와 산란계를 모두 키우며 둘을 합해 500마리를 가지고 있는 D
○ 메추리 500마리와 소, 양, 개를 합해 40마리를 키우고 있는 E

① B, D
② A, B, C
③ B, C, D
④ B, C, E
⑤ C, D, E

문 2. 다음 ○○대학교 일반대학원 규정을 근거로 판단할 때 옳지 않은 것은?

제00조 (외국인특별 장학금)
1. 대한민국정부초청장학금은 대한민국정부초청학생이 본교 대학원에 입학한 경우 장학생으로 선발되며 정규학기동안 등록금 전액은 대한민국정부에서, 입학금은 본교에서 지원한다.
2. 교류협정대학의 경우 협정서 내용에 의거하여 장학금을 지급하며, 매학기 성적이 3.4/4.3 이상을 유지하여야 한다.
3. 외국인 전형으로 입학한 신입생 및 재학생에게 입학금 및 등록금의 전액 또는 일부를 장학금으로 지원할 수 있으며, 이때 직전학기 평균평점이 3.4/4.3 이상일 것이 요구된다.

제00조 (학부 – 대학원 연계과정 장학금)
1. 학부 – 대학원 연계과정에 선발된 학생에게는 석사과정은 3학기까지, 통합과정은 5학기까지 등록금 전액을 지급한다.
2. 대학원 과정 중 직전학기 성적이 3.3/4.3 미만인 경우에는 해당학기의 장학금 지급이 취소된다.

제00조 (공무원 성적우수 장학금)
1. 중앙부처 공무원(사무관급 이상) 또는 이에 준하는 자가 대학원 박사과정에 진학하는 경우 공무원성적우수장학생 선발위원회를 통해 공무원성적우수장학생으로 선발되면 정규학기 동안 장학금을 지원할 수 있다.
2. 공무원성적우수장학생은 매학기 성적이 3.4/4.3 이상인 학생 중에서 선발한다.

제00조 (근로 장학금)
근로 장학금은 교내 기관에서 수행하는 학사 및 기타 업무 등을 보조하는 대학원생에게 지급되며, 지급액은 근무 기관에서 정한다.

① 대한민국 국적의 석사과정생 A가 교내 입학처(근로 장학금은 시간당 5,000원으로 규정)에서 수시모집 홍보물에 스티커를 부착하는 업무를 수행하면서 8시간을 일하였다면 40,000원의 근로 장학금을 받을 수 있다.
② 중국국적의 석사과정생 B가 대한민국정부초청장학생으로 선발되어 매학기 4.0/4.3 이상의 학점을 유지하였다면 B는 정규학기동안 대한민국 정부로부터 등록금을 지원받을 수 있다.
③ 일본국적의 석사과정생 C가 5년 전 ○○대학교를 다니면서 학부 – 대학원 연계과정(통합 과정)에 선발되어 대학원에 입학 후, 첫 학기에 3.3/4.3의 성적을 취득하였다면 C는 두 번째 학기에 장학금을 수령할 수 있다.
④ 중앙부처 사무관인 공무원 D가 ○○대학교 일반대학원 석사과정에 입학하여 매학기 3.5/4.3 이상의 성적을 취득한다면, 정규학기 동안 공무원 성적우수 장학금을 수령할 수 있다.
⑤ 외국인 전형으로 입학하여 석사과정 2학기에 재학 중인 E가 이번 학기에 3.38/4.3의 성적을 취득하였다면 E는 다음 학기에 외국인특별 장학금을 받을 수 없다.

문3. 다음 글을 근거로 판단할 때, 〈보기〉에서 응시자격 요건을 충족하는 지원자만을 모두 고르면?

외교통상부는 국제법률 분야에서 민간경력자 1명을 채용하고자 한다. 민간경력자 채용에 응시하기 위한 요건은 다음과 같다.

○ 〈표〉의 경력, 학위, 자격증에 기재된 사항 중 1개 이상에 해당되면 응시 가능함
○ 경력의 기간, 자격증 및 학위 소지 여부는 면접시험 최종일(2013.9.22. 예정) 기준으로 판단함
○ '경력'은 법인(외국법인 포함), 국제기구 또는 국제단체에 소속되어 관련분야에서 근무하거나 연구를 수행한 경력을 의미함
  – 학위취득에 소요되는 학위과정 경력은 제외하되, 국공립대학 및 사립대학에서의 강의 또는 연구 경력은 포함
○ '경력' 요건으로 응시하는 경우, 최종경력을 기준으로 퇴직 후 3년이 경과되지 아니하여야 함 ('학위' 및 '자격증' 요건으로 응시하는 경우는 해당 없음)

〈표〉

| | |
|---|---|
| 경력 | ○ 관련분야에서 10년 이상 재직한 경력이 있는 자<br>○ 관련분야에서 관리자로 3년 이상 재직한 경력이 있는 자 |
| 학위 | ○ 관련분야 박사학위 소지자<br>○ 관련분야 석사학위 소지 후 4년 이상 경력자 |
| 자격증 | ○ 변호사 자격증 소지 후 관련분야에서 1년 이상 경력이 있는 자 |

※ 관련분야: 국제법, 국제통상법 분야

〈보 기〉

甲: 1999년부터 10년 동안 국제기구의 국제법 연구원으로 근무한 후 퇴직하였다.

乙: 2012년 8월 한국 변호사 자격증을 취득한 후 곧바로 로펌에 취직, 국제법 분야의 전문 변호사로 현재까지 활동 중이다.

丙: 2003년 5월 국제법 석사학위를 취득한 후 국제법 연구교수로서 대학에서 2008년까지 강의하였다.

丁: 국제단체에서 국제통상법 전문가로 2002년도부터 현재까지 재직 중이며 2011년에는 국제통상법 박사학위를 취득하였다.

戊: 2006년 2월부터 국제법 연구소에서 근무하였고, 재직 중인 2010년에 국제통상법 석사학위를 취득하여 현재까지 동일 연구소에서 근무 중이다.

① 甲, 乙, 戊
② 甲, 丙, 丁, 戊
③ 乙, 丙, 丁
④ 乙, 丁, 戊
⑤ 乙, 丙

문4. 다음 글을 근거로 판단할 때, 〈보기〉에서 옳은 것만을 모두 고르면?

교토의정서에는 온실가스를 효과적이고 경제적으로 줄이기 위한 공동이행제도(JI), 청정개발체제(CDM), 배출권거래제도(ET)와 같은 유연성체제가 마련되어 있다. 이하는 각 유연성체제에 대한 설명이다.

○ 공동이행제도(JI): 선진국(부속서 I 국가)들 사이에서, 온실가스 감축사업을 공동으로 수행하는 것을 인정하는 것으로 한 국가가 다른 국가에 투자하여 감축한 온실가스 감축량의 일부분을 투자국의 감축실적으로 인정하는 제도이다.

○ 청정개발체제(CDM): 이 체제는 선진국(부속서 I 국가)이 개발도상국(비부속서 I 국가)에서 온실가스 감축사업을 수행하여 달성한 감축실적의 일부를 선진국의 감축량으로 인정하는 것이다. 청정개발체제는 공동이행제도와는 달리, 1차 의무기간(2008년 ~ 2012년) 이전의 조기감축 활동을 통하여 발생한 탄소배출권을 소급하여 인정한다.

○ 배출권거래제도(ET): 이 조항은 온실가스 감축의무 보유 국가가 의무감축량을 초과하여 달성하거나 반대로 의무를 달성하지 못하였을 경우 온실가스 감축량을 다른 국가와 거래할 수 있도록 허용한 제도이다. 이는 온실가스 감축량도 시장의 상품처럼 서로 사고 팔 수 있도록 허용한 것이라고 할 수 있다. 이 제도가 시행될 경우 각국은 최대한으로 배출량을 줄여 배출권 판매수익을 거둘 수 있고, 배출량을 줄이는 데 비용이 많이 드는 국가는 상대적으로 저렴한 배출권을 구입하여 감축비용을 줄일 수 있다.

〈보 기〉

ㄱ. A국이 개발도상국에서 온실가스 감축사업을 수행하는 것이 실적으로 인정되지 않는다면 A국은 부속서 I 국가가 아니다.

ㄴ. 2007년에 부속서 I 국가인 두 나라 B국과 C국이 협력하여 온실가스의 배출을 감축하였다면, C국의 온실가스 감축량의 일부분을 B국의 감축실적으로 인정할 수 있다.

ㄷ. 개발도상국이 다른 개발도상국에게 투자하여 감축의무를 초과 달성한다면 이 국가는 해당 사업을 통해 추가로 확보한 배출권을 판매하여 판매수익을 거둘 수 있다.

ㄹ. 선진국의 경우, 배출권의 시장가격과 자국의 온실가스 감축비용 및 공동사업을 통한 온실가스 감축비용을 비교하여 배출권 구입여부를 결정할 것이다.

① ㄱ, ㄹ
② ㄴ, ㄷ
③ ㄴ, ㄹ
④ ㄱ, ㄷ, ㄹ
⑤ ㄱ, ㄴ, ㄷ, ㄹ

문5. 다음은 ○○시에서 제정한 저소득 노인 완전틀니·보청기 지원에 대한 시의회 원안과 수정가결안의 내용이다. 이를 근거로 판단할 때, 〈보기〉에서 옳지 않은 것만을 모두 고르면?

| 요건 | 원안 | 수정가결안 |
| --- | --- | --- |
| "저소득 노인"의 정의 | 만 65세 이상의 기초노령연금수급자 | 만 65세 이상의 국민기초생활보장수급자 또는 만 75세 이상의 기초노령연금수급자 |
| 완전틀니 지원 | (1) 65세 이상 74세 이하 기초노령연금수급자: 시술비용의 50%<br>(2) 75세 이상 기초노령연금수급자: 건강보험 적용 후 본인부담금의 50% | (1) 65세 이상 74세 이하 국민기초생활보장수급자: 시술비용 전액 지원<br>(2) 75세 이상 국민기초생활보장수급자: 건강보험 적용 후 본인부담금 전액<br>(3) 75세 이상 기초노령연금수급자(국민기초생활보장수급자 제외): 건강보험 적용 후 본인부담금의 50% |
| 보청기 지원 | 65세 이상 기초노령연금수급자: 340,000원 | 65세 이상 기초노령연금수급자: 340,000원 |
| 유지관리 | 완전틀니와 보청기에 대해 제작·시술 후 3개월 이내 최대 6회까지 무상 수리 | 완전틀니에 대해 장착 후 3개월 이내 6회에 한정하여 무상 수리 |
| 시행 | △△△△년 1월 1일부터 시행 | △△△△년 7월 1일부터 시행 |

※ 기초노령연금수급자: 만 65세 이상 노인가구 중 소득인정액(소득과 재산을 포함해 산정한 금액)이 하위 70%(단독 가구는 78만 원 이하, 부부 가구는 124.8만 원 이하)인 가구
※ 국민기초생활보장수급자: 가구의 소득인정액이 최저생계비(1인 가구는 57.2만 원, 2인 가구는 97.4만 원) 이하인 계층
※ 기초노령연금수급자이면서 국민기초생활보장수급자일 수 있다.

〈보 기〉
ㄱ. 두 안의 보청기 지원과 유지관리 요건은 변함이 없다.
ㄴ. 수정가결안에 의하면 소득인정액이 95만 원이고 배우자와 함께 사는 75세 A가 완전틀니를 맞추고자 할 때 본인이 부담하는 금액은 없다.
ㄷ. 소득인정액이 70만 원인 65세 독거노인 B가 시로부터 완전틀니를 지원받고자 할 때에는 원안이 수정가결안보다 더 유리하다.
ㄹ. 원안보다 수정가결안에 의할 때 완전틀니 지원 혜택을 받는 대상자의 범위가 더 늘어날 것이다.

① ㄱ, ㄴ
② ㄱ, ㄹ
③ ㄴ, ㄷ
④ ㄴ, ㄹ
⑤ ㄷ, ㄹ

문6. 다음 글을 근거로 판단할 때, 〈보기〉에서 옳은 것만을 모두 고르면?

> 감가상각(減價償却)이란 시간의 흐름에 따른 자산의 가치 감소를 회계에 반영하는 것이다. 감가상각의 대상은 건물, 기계장치 등의 유형자산이다. 토지는 영구적으로 이용 가능하고 건설 중인 자산은 후에 건물로 전환되기 때문에 이 두 종류의 자산에 대해서는 감가상각을 하지 않는다. 무형자산은 감가상각을 하지 않는 것이 원칙이나 광업권, 어업권처럼 사용연한이 정해져 있는 무형자산은 예외이다. 감가상각비를 계산하는 방법으로는 정액법(定額法), 정률법(定率法), 생산량비례법, 연수합계법 등이 있다.
>
> 정액법은 매년 일정액을 감가상각하는 방법으로 취득원가에서 잔존가치를 차감한 금액을 내용연수로 나누어 감가상각비를 구한다. 정액법으로 감가상각하는 자산은 일반적으로 유형자산이고, 특히 건물의 경우에는 세법상 정액법으로 감가상각하는 것을 원칙으로 하고 있다. 정률법은 자산의 기초 장부금액에서 일정 비율을 감가상각비로 산출하는 방법이다. 감가상각 첫 해에 가장 많은 상각비가 계상되지만, 점차 상각비가 감소하여 감가상각 마지막 해에는 가장 적은 감가상각비가 계상되는 특징이 있다. 생산량비례법은 자연자원(광산, 유전 등)에 적용하는 감가상각법으로 자산의 이용정도를 고려하여 예상생산량에 근거한 비율로 감가상각비를 계산하는 방법이다. 즉, 취득원가에서 잔존가치를 뺀 금액에 내용연수를 곱하고, 이를 예상생산량으로 나누어 감가상각비를 계산한다. 연수합계법은 취득원가에서 잔존가치를 뺀 금액을 해당 자산의 내용연수의 합계로 나눈 후 남은 사용기간을 곱하여 감가상각비를 산출하는 방식이다. 예를 들어 내용연수가 5년이라면 내용연수의 합계는 15년(1+2+3+4+5)이 된다.

※ 취득원가: 재산을 취득하는 데 실제로 소용된 원가, 즉 취득가액을 말한다.
※ 잔존가치: 자산이 사용불능이 되어 폐기처분될 때 받을 수 있으리라고 기대되는 금액
※ 내용연수: 자산이 영업활동에 사용될 수 있는 예상기간, 즉 자산의 수명을 말한다.

─────〈보 기〉─────
ㄱ. 건설 중인 건물이나 무형자산에 해당하는 저작권은 감가상각을 하지 않는다.
ㄴ. 연수합계법으로 계산한 감가상각비는 자산의 사용기간이 지날수록 감소할 것이다.
ㄷ. 취득원가가 5억 원이고 10년간 사용 가능한 유형자산의 잔존가치가 취득원가의 10%라면, 정액법으로 계산한 감가상각비는 4천 5백만 원이다.
ㄹ. 예상생산량이 500억 톤이고 내용연수가 20년인 해외유전의 감가상각비를 생산량비례법으로 계산할 경우, 연간생산량과 감가상각비는 서로 비례할 것이다.

① ㄱ, ㄴ
② ㄱ, ㄷ
③ ㄴ, ㄷ
④ ㄴ, ㄹ
⑤ ㄷ, ㄹ

문 7. 다음 〈차대번호 세부사항〉과 〈차대번호〉를 근거로 판단할 때, 〈보기〉에서 반드시 옳은 것만을 모두 고르면? (단, 甲~丁 4개 차량은 모두 1980년에서 2012년 사이에 생산되었다)

〈차대번호 세부사항〉

| 구분 | 자리번호 | 사용부호 | 표시내용 | 세부내용(표시기호) |
|------|------|------|------|------|
| 제작회사군 | 1 | B | 생산지역 | 미국(1), 일본(J), 독일(W), 한국(K) |
| | 2 | B | 제작사 | 현대(M), 기아(N), 대우(L) |
| | 3 | B | 종별 | 승용차(H), 승합차(J), 화물차(F) |
| 자동차특성군 | 4 | B | 차종 | 경차(A), 소형차(C), 중형차(E) |
| | 5 | B | 세부차종 | 기본사양(L), 고급사양(M) 등 |
| | 6 | B | 차체 형상 | 도어 수(2~5) 등 |
| | 7 | B | 안전장치 | 수동 안전띠(2), 에어백(4) 등 |
| | 8 | B | 배기량(cc) | 1,800(A), 2,000(B), 2,500(G) 등 |
| | 9 | B | 수출유무 | 내수용(P), 수출용(R) |
| 제작일련번호 | 10 | B | 모델연도 | 1980년부터 알파벳 – 아라비아 숫자 순으로 순차적으로 표시 |
| | 11 | B | 제작공장 | 아산(A), 전주(C), 울산(U) 등 |
| | 12~17 | N | 일련번호 | 000001~999999 |

※ 차대번호(Vehicle Identification Number, VIN)는 전세계적으로 통용되는 차량식별번호로 알파벳과 숫자를 혼용한 17자리로 구성된다.

※ 사용부호란의 B는 I, O, Q를 제외한 알파벳 또는 아라비아숫자를, N은 아라비아숫자를 표시한다. 단, 모델연도의 경우 I, O, Q, U, Z를 제외한 알파벳 또는 0을 제외한 아라비아숫자를 표시한다.

〈차대번호〉

| 차대번호 / 차량 | 1 | 2 | 3 | 4 | 5 | 6 | 7 | 8 | 9 | 10 | 11 | 12 | 13 | 14 | 15 | 16 | 17 |
|------|---|---|---|---|---|---|---|---|---|----|----|----|----|----|----|----|----|
| 甲 | K | N | H | E | M | 4 | 4 | A | P | 1 | B | 4 | 2 | 4 | 7 | 3 | 8 |
| 乙 | K | M | H | E | L | 4 | 4 | B | R | C | U | 3 | 4 | 9 | 2 | 2 | 8 |
| 丙 | K | L | H | C | L | 5 | 2 | A | P | Y | D | 1 | 3 | 3 | 4 | 1 | 5 |
| 丁 | K | M | H | A | L | 2 | 2 | A | P | 9 | B | 3 | 2 | 6 | 7 | 3 | 4 |

〈보 기〉

ㄱ. 甲차량은 2001년 한국에서 생산된 배기량 1,800cc의 4도어 중형 승용차이다.

ㄴ. 乙차량은 1982년 한국에서 생산된 에어백이 장착된 수출용 승용차이다.

ㄷ. 丙차량은 甲차량보다 1년 전에 생산된 소형 승용차이다.

ㄹ. 제작일련번호로 미루어 보아 丁차량은 甲차량과 같은 공장에서 제작되었으며, 甲차량보다 먼저 제작되었다.

① ㄱ, ㄷ
② ㄱ, ㄹ
③ ㄴ, ㄷ
④ ㄴ, ㄹ
⑤ ㄷ, ㄹ

문8. 다음 글을 근거로 판단할 때, 〈보기〉에서 옳지 않은 것만을 모두 고르면?

조복(朝服)은 경축일, 정월 초하루, 성절(聖節), 동지(冬至), 조칙을 반포할 때나 표(表)를 올릴 때 착용하는 문무백관의 복장이다. 제복(祭服)은 제향 때 입는 예복으로 문무백관이 종묘와 사직에 제사를 지낼 때 착용하였다. 조복은 적색이었으나 제복은 청색을 썼다. 제복은 품계에 따라 양관의 줄 수, 대(帶), 패옥(佩玉)의 재료, 후수(後綬)의 문양에 차이가 있었다.

양관의 경우 1품은 5량관, 2품은 4량관, 3품은 3량관, 4～6품은 2량관, 7～9품은 1량관을 썼고, 대는 1품 서대, 정2품 삽금대, 종2품 소금대, 정3품 삽은대, 종3품, 4품 소은대, 5～9품 흑각대를 사용하였다. 패옥은 1품에서 3품까지는 돌가루를 구워서 푸른 빛이 도는 옥모양으로 만든 인조옥인 번청옥(燔靑玉)을 사용하였고, 4품에서 9품까지는 돌가루를 구워서 흰 빛깔이 도는 옥모양의 인조옥인 번백옥(燔白玉)을 사용하였다. 후수 역시 품계에 따라 색실의 수와 문양, 고리(환)의 재료를 달리 하였다. 왕세자와 1, 2품은 황, 녹, 자, 적의 4색실을 사용한 운학(雲鶴) 문양을 사용하고 금환(金環)을 달았으며, 3품은 같은 4색의 실로 반조(盤鵰) 문양을 나타냈고, 은환(銀環)을 달았다. 4～6품은 황, 녹, 적 3색의 연작(練鵲) 문양인데 4품은 은환, 5～6품은 동환(銅環)을 달았고, 7～9품은 황, 녹의 2색을 사용한 계칙(鸂鶒) 문양을 나타냈으며 동환을 달았다. 이때 사용된 문양인 운학은 구름과 학, 반조는 보라매, 연작은 때까치, 계칙은 비오리이다.

─────〈보 기〉─────

ㄱ. 5품과 6품의 관리를 제복으로 구별할 수 있는 방법은 없다.

ㄴ. 제복의 패옥으로 번백옥을 사용하는 관리는 소은대를 사용할 수 없었다.

ㄷ. 정3품 도승지와 종3품 사헌부 집의의 제복은 양관의 줄 수, 패옥의 재료, 후수의 문양이 모두 같았다.

ㄹ. 정5품 이조정랑의 제복에는 황색, 녹색, 자색으로 수를 놓은 때까치 문양의 후수를 달았다.

① ㄱ, ㄷ

② ㄴ, ㄹ

③ ㄱ, ㄴ, ㄷ

④ ㄱ, ㄴ, ㄹ

⑤ ㄴ, ㄷ, ㄹ

문9. 다음 글과 〈상황〉을 근거로 판단할 때, A의 구직급여일액을 바르게 계산한 것은?

○ 기초일액은 구직급여의 산정 기초가 되는 임금일액으로서 수급자격자의 기초일액은 평균임금·통상임금·기준보수·최저기초일액에 따라 산정되며 기초일액의 상한은 8만 원을 초과할 수 없다.

○ 구직급여일액은 ① 기초일액이 평균임금·통상임금·기준보수에 따라 산정되는 경우와 산정된 기초일액이 8만 원을 넘어 8만 원을 기초일액으로 할 경우에는 그 산정된 기초일액에 100분의 50을 곱한 금액으로 하고 ② 최저기초일액에 따라 기초일액을 산정하는 경우에는 그 산정된 수급자격자의 기초일액에 100분의 90을 곱한 금액으로 한다.

○ (1) 평균임금에 따른 기초일액은 수급자격의 인정과 관련된 마지막 이직(離職) 당시 산정된 평균임금을 총 근무일수로 나눈 일액으로 한다.

(2) 수급자격의 인정과 관련된 마지막 이직 당시 산정된 평균임금기준으로 산정된 금액이 「근로기준법」에 따른 그 근로자의 통상임금보다 적을 경우에는 그 통상임금액을 기초일액으로 한다.

(3) 평균임금 또는 통상임금에 따라 기초일액을 산정하는 것이 곤란한 경우와 보험료를 「고용산재보험료징수법」에 따른 기준보수를 기준으로 낸 경우에는 기준보수를 기초일액으로 한다.

○ 산정된 구직급여일액이 최저구직급여일액보다 낮은 경우에는 최저구직급여일액을 그 수급자격자의 구직급여일액으로 한다.

─────〈상 황〉─────

가. A는 실업 중에 있는 자로 구직급여 수급 대상자이다. A의 평균임금은 한 달 25일 근무 기준으로 월 180만 원으로 책정되었다.

나. A가 다니던 회사의 현재 통상임금액은 8만 5천 원/일이다.

다. 현재 최저시급은 4,320원이며 하루 8시간 근무를 기준으로 최저시급을 곱하여 최저기초일액이 정해진다.

라. 최저구직급여일액은 최저기초일액에 기초하여 구해지는 구직급여일액이다.

① 31,104원/일

② 34,560원/일

③ 36,000원/일

④ 40,000원/일

⑤ 42,500원/일

문10. 다음 〈조건〉을 근거로 판단할 때 옳은 것은?

〈조 건〉

8명의 신임 사무관(A ~ H)이 6개 부처(기획재정부, 국토해양부, 지식경제부, 공정거래위원회, 국세청, 금융위원회) 중에서 근무를 희망하는 부처 2개를 선택하여 신청하였다.

○ 신임 사무관은 기획재정부, 국토해양부, 지식경제부 중 최소한 하나를 선택해야 한다.

○ 신임 사무관은 공정거래위원회, 국세청, 금융위원회 중 최소한 하나를 선택해야 한다.

○ A 사무관은 기획재정부와 금융위원회를 선택하였다.

○ B 사무관은 지식경제부와 국세청을 선택하였다.

○ C 사무관은 국토해양부와 공정거래위원회를 선택하였다.

○ D 사무관은 기획재정부를, E 사무관은 국세청을, G 사무관은 공정거래위원회를 각각 선택하였다.

○ F 사무관과 H 사무관은 지식경제부를 선택하였다.

○ A ~ C 사무관을 제외한 5명의 사무관 중 2명은 부처 선택이 동일하였고, 다른 3명은 앞의 2명의 선택과는 다른 조합으로 동일한 부처 2개를 선택하였다.

○ A ~ C 사무관을 제외한 5명의 사무관 중 A ~ C 사무관과 동일한 조합의 부처를 선택한 사람은 없다.

① 공정거래위원회를 선택한 사무관은 3명이다.

② 금융위원회를 선택한 사무관은 2명 이상이다.

③ D 사무관은 국세청을 선택하였다.

④ E 사무관은 국토해양부를 선택하였다.

⑤ H 사무관은 금융위원회를 선택하였다.

문11. 다음 글을 근거로 판단할 때, 〈보기〉에서 반드시 옳은 것만을 모두 고르면?

A ~ D가 제기차기 시합을 하려고 한다. 시합 규칙은 다음과 같다.

○ 4명이 모두 상대방을 한 번씩 상대하고, 각 시합의 점수는 승점과 가산점의 합으로 정한다. 각 시합 점수의 총합(최종점수)으로 최종순위를 정한다.

○ 시합은 5세트로 진행되며 각 세트마다 무승부 없이 승패를 가리고, 3개의 세트를 먼저 이긴 사람이 시합을 이긴 것으로 한다. 단, 시합의 승패가 결정된 시점에서 남은 세트는 더 이상 진행하지 않고 그대로 시합을 종료한다.

○ 시합에 이긴 사람에게는 승점 3점이 주어지고 진 사람에게는 승점 0점이 주어진다. 이긴 사람에게는 세트스코어 승패 차이의 2배만큼 가산점을 부여하고, 진 사람에게는 세트스코어 승패 차이만큼을 감점한다.

예) 세트스코어가 3대 0인 경우, 시합은 3세트로 종료된다. 이긴 사람에게는 승점 3점에 가산점 6점을 더해 9점이 주어지고, 진 사람에게는 승점 없이 3점을 감점하여 −3점이 주어진다.

〈시합 결과〉

○ A와 B의 시합은 5세트가 모두 진행되었고, A가 B를 이겼다.

○ A와 D의 시합은 4세트까지만 진행되었고, D가 A를 이겼다.

○ B와 C의 시합은 3세트까지만 진행되었고, B가 C를 이겼다.

○ B는 한 시합에서 이기고 두 시합에서 졌다.

○ A와 C의 최종점수는 각각 10점과 4점이었다.

〈보 기〉

ㄱ. A의 최종점수는 D보다 낮다.

ㄴ. B의 최종점수는 C보다 높다.

ㄷ. C와 D의 시합은 3세트까지만 진행되었다.

ㄹ. B와 D의 시합이 5세트까지 진행되었다면, A의 최종순위는 2위일 것이다.

① ㄱ, ㄴ

② ㄱ, ㄷ

③ ㄴ, ㄷ

④ ㄴ, ㄹ

⑤ ㄷ, ㄹ

문 12. 다음 글을 근거로 판단할 때, 〈질문〉의 답으로 옳게 짝지은 것은?

　　능력(Capacity)은 주어진 생산요소 하에서 기업이나 산업이 산출할 수 있는 최대 잠재 생산수준(생산량)으로 정의된다. 능력의 개념은 다시 생산적 개념과 경제적 개념으로 구분된다. 능력의 생산적 개념은 고정된 생산요소 하에서 기업이나 산업이 손실 없이 산출할 수 있는 최대 잠재 생산수준을 의미한다. 이러한 맥락에서 생산적 개념의 능력을 정상적인 운영조건 하에서 기대할 수 있는 생산단위의 최대 생산수준으로 정의할 수 있다. 정상적인 운영조건이란 현장에 있는 준비된 기계·설비만이 활용되고 일상적인 작업시간에 따라 생산이 결정되며 노동력이나 원재료 등은 충분히 공급될 수 있다는 것을 말한다.

　　능력의 경제적 개념은 이익 최대화 혹은 비용 최소화 등과 같은 경제활동 목표를 만족시키기 위한 생산수준을 의미한다. 페렐만(Perelman)은 한계비용(MC)과 가격(P)이 일치하는 점에서의 생산수준을 경제적 개념의 능력으로 정의하였다. 모리슨(Morrison)은 단기평균비용곡선(SRAC)의 최저점에서 산출되는 생산수준으로, 클라인(Klein)은 장기평균비용곡선(LRAC)과 단기평균비용곡선(SRAC)이 만나는 접점에서의 생산량으로 각각 능력을 정의하였다.

　　그림에서 단기평균비용곡선은 고정된 생산요소 하에서의 평균적인 비용을 나타내고 장기평균비용곡선은 모든 생산요소들이 변동 투입요소일 때의 평균적인 비용을 나타낸다. 한계비용은 생산이 증가할 때 발생하는 비용변화를 뜻한다. 단기와 장기는 생산요소에 대한 조정 가능성에 의해 구분된다. 단기에는 모든 생산요소가 고정되어 있지만 장기에는 모든 생산요소가 변동요소에 해당된다.

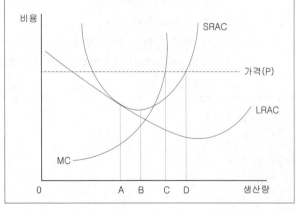

〈질 문〉

가. 생산적 개념의 능력을 나타내는 것은?
나. 페렐만이 정의한 경제적 개념의 능력을 나타내는 것은?
다. 모리슨이 정의한 경제적 개념의 능력을 나타내는 것은?
라. 클라인이 정의한 경제적 개념의 능력을 나타내는 것은?

|  | 가 | 나 | 다 | 라 |
|---|---|---|---|---|
| ① | C | D | B | A |
| ② | D | C | B | A |
| ③ | C | D | A | B |
| ④ | D | C | A | B |
| ⑤ | A | C | D | B |

문 13. 다음 〈좌석배치도〉와 〈상황〉을 근거로 판단할 때, 〈보기〉에서 반드시 옳은 것만을 모두 고르면? (단, 탁자의 다른 변에 앉아 있는 사무관들은 서로 접하여 있다고 보지 않는다. 예를 들어 1번 좌석은 2번, 8번 좌석과 접하여 있지 않는 것으로 본다)

── 〈좌석 배치도〉──

── 〈상 황〉──

8명의 사무관 A~H가 회의실에 모여 회의를 하고 있다. 이들은 모두 국세청 납세지원국 또는 법무심사국 소속이다.

○ A 사무관은 납세지원국 소속이며, A 사무관의 양 옆에는 법무심사국 소속 사무관들이 접하여 앉아 있다.
○ B 사무관의 정면에는 납세지원국 소속인 F 사무관이 앉아 있다.
○ 납세지원국 소속인 C 사무관과 H 사무관은 접하여 앉아 있다.
○ C 사무관은 G 사무관의 정면에 앉은 사무관과 접하여 앉아 있다.
○ D 사무관은 납세지원국 소속 공무원과 접하여 앉아 있으며, D 사무관의 정면에 앉은 사무관도 납세지원국 소속이다.
○ 같은 부서 소속의 사무관들은 3명 이상 접하여 앉지 않는다.

── 〈보 기〉──

ㄱ. H 사무관의 정면에는 법무심사국 소속 사무관이 앉아 있다.
ㄴ. G 사무관의 정면에는 E 사무관이 앉아 있다.
ㄷ. 회의에 참석한 납세지원국 소속 사무관은 모두 4명이다.

① ㄱ
② ㄷ
③ ㄱ, ㄴ
④ ㄴ, ㄷ
⑤ ㄱ, ㄴ, ㄷ

문 14. 다음 글과 〈경기 결과〉를 근거로 판단할 때, 甲고등학교 태권도부의 2라운드 세트성적으로 옳은 것은?

甲고등학교 태권도부 소속 5명(가은, 나울, 다솜, 라임, 마야)은 ○○시에서 주최하는 태권도 대회의 단체경기에 출전하였다. 단체경기는 5명이 한 팀을 이루고, 5명의 팀원이 각각 한 세트씩 총 5세트의 경기를 하면 한 라운드가 끝난다. 각 라운드별 승패는 5세트까지의 승점의 합을 기준으로 하며, 각 세트에서 이기면 2점, 비기면 1점, 지면 0점의 승점이 주어진다. 甲고등학교 태권도부는 이 대회에서 다른 세 팀과 한 라운드씩 총 15세트의 경기를 하였다.

── 〈경기 결과〉──

甲고등학교 태권도부는 세트성적 3승 2패로 1라운드를 이겼고, 3라운드는 무승부를 기록하였다. 2라운드와 3라운드의 세트성적은 알려지지 않았다. 가은은 개인 성적 2승 1무로 팀원 중 가장 좋은 개인 성적을 기록했는데, 특히 3라운드에서는 유리한 경기를 하다가 경기 종료 5초 전에 감점을 당해 아쉬운 무승부를 기록하였다. 나울은 개인 성적 1무 2패로 저조했고, 다솜의 개인 성적은 2승 1패로 가은 다음으로 좋은 성적을 기록하였다. 라임은 1승 2패를 기록하였고, 마야의 개인 성적은 나울과 같았다.

| 구분 | 가은 | 나울 | 다솜 | 라임 | 마야 | 세트성적 승 | 세트성적 무 | 세트성적 패 | 팀성적 |
|---|---|---|---|---|---|---|---|---|---|
| 1라운드 | | | | | | 3 | 0 | 2 | 승 |
| 2라운드 | | | | | | | | | |
| 3라운드 | 무 | | | | | | | | 무 |
| 개인성적 승 | 2 | 0 | 2 | 1 | 0 | | | | |
| 개인성적 무 | 1 | 1 | 0 | 0 | 1 | | | | |
| 개인성적 패 | 0 | 2 | 1 | 2 | 2 | | | | |

① 2승 2무 1패
② 2승 1무 2패
③ 1승 2무 2패
④ 1승 0무 4패
⑤ 0승 2무 3패

문 15. 다음 글을 근거로 판단할 때, 〈보기〉에서 반드시 옳은 것만을 모두 고르면?

> A～C는 속이 보이지 않는 지갑 속에 흰색 동전 2개, 검은색 동전 2개, 붉은색 동전 1개, 푸른색 동전 1개를 넣고 게임을 하여 이긴 사람을 선정하고자 한다. 게임의 규칙은 다음과 같다.
>
> ○ A → B → C 순서대로 동전을 하나씩 꺼내고, 지갑 안에 동전이 남아 있는 경우 C → B → A 순서대로 동전을 다시 하나씩 꺼낸다.
> ○ 검은색 동전을 꺼낸 사람은 자신이 꺼낸 동전을 테이블 위에 올려놓는다.
> ○ 붉은색 동전을 꺼낸 사람은 자신이 꺼낸 동전과 테이블 위에 있는 모든 동전을 가진다.
> ○ 푸른색 동전을 꺼낸 사람은 자신이 꺼낸 동전을 가지는 대신 자신이 가지고 있던 모든 동전을 테이블 위에 올려놓는다.
> ○ 흰색 동전을 꺼낸 사람은 자신이 꺼낸 동전을 가지며, 다시 한 번 동전을 꺼낼 기회를 얻는다.
> ○ 지갑 속의 동전을 모두 꺼낸 시점에서 동전을 가장 많이 가진 사람이 게임의 승자가 된다.
>
> 〈게임 결과〉
>
> 맨 마지막까지 지갑 속에 남아있던 동전은 푸른색 동전이었다. 게임이 끝난 시점에 테이블 위에는 동전 2개가 놓여 있었다.

─〈보 기〉─

ㄱ. 게임이 끝난 시점에 테이블 위에 놓여 있는 동전이 모두 검은색 동전이었다면, A ～C 중 적어도 한 사람은 동전을 1개도 가지고 있지 않을 것이다.
ㄴ. 게임이 끝난 시점에 테이블 위에 놓여 있는 동전이 모두 흰색 동전일 수 없다.
ㄷ. 게임이 끝난 시점에 테이블 위에 놓여 있는 동전은 모두 맨 마지막에 동전을 꺼낸 사람이 가지고 있던 동전이다.
ㄹ. 맨 마지막에 동전을 꺼낸 사람은 C이다.

① ㄱ, ㄴ
② ㄱ, ㄷ
③ ㄴ, ㄷ
④ ㄴ, ㄹ
⑤ ㄷ, ㄹ

문 16. 다음 〈상황〉을 근거로 판단할 때, 기존 법률을 최소한으로 개정하여 성범죄자 5명의 신상정보를 모두 공개하기 위해 반드시 필요하지는 않은 개정사항만을 모두 고르면? (단, 폭행치상은 폭행에 포함되며 미수범 역시 성폭력범죄를 저지른 것으로 본다)

─〈상 황〉─

○ 강XX (55세): 2022년 4월 여수에서 새벽 3:00 경 가택 침입 후 7세 아동을 납치 및 강간하여 징역 5년을 선고받음
○ 조XX (23세): 2021년 8월 서울 서초구에서 밤 10:30 경 귀가하는 28세 여성을 폭행치상 및 강간하여 징역 2년 6월 및 집행유예 3년을 선고받음
○ 이XX (17세): 2020년 5월 포항에서 13세 미만 여아를 강간하여 징역 2년, 집행유예 3년, 성폭력 치료강의 수강 80시간을 선고받음
○ 박XX (34세): 2019년 8월 안양에서 16세의 여자청소년을 2차례에 걸쳐 미행·강간하려 하였으나 2번 모두 미수에 그쳐 징역 1년 6월을 선고받음
○ 김XX (26세): 2020년 10월 서울 관악구에서 만 17세의 여자 청소년을 4차례 강간하여 징역 2년 6월, 집행유예 3년, 성폭력 치료프로그램 이수 40시간을 선고받음

제00조 (등록정보의 공개) 법원은 다음 각 호의 어느 하나에 해당하는 자에 대하여 판결로 신상정보를 등록기간 동안 정보통신망을 이용하여 공개하도록 명령하여야 한다. 다만, 성폭력범죄의 피고인이 미성년자인 경우에는 그러하지 아니하다. → 단서 삭제 … ㉠
   1. 13세 미만의 아동·청소년을 대상으로 성폭력범죄를 저지른 자 → 15세 미만으로 변경 … ㉡
   2. 성폭력범죄의 죄질이 중하여 징역 4년 이상의 형을 선고받은 자 → 징역 3년 이상으로 변경 … ㉢
   3. 19세 미만의 아동·청소년에 대하여 폭행을 동반한 성폭력범죄를 저지른 자 → 연령 제한 삭제 … ㉣
   4. 피해자를 미행 또는 납치하여 계획적으로 성폭력범죄를 저지른 자 → '미행, 납치 및 감금'으로 변경 … ㉤
   5. 성폭력범죄를 3회 이상 범하여 습벽(상습성)이 인정되는 자 → 2회 이상으로 변경 … ㉥

① ㉠, ㉣
② ㉠, ㉡, ㉢
③ ㉡, ㉣, ㉥
④ ㉡, ㉢, ㉤, ㉥
⑤ ㉢, ㉣, ㉤, ㉥

문 17. 다음 글과 〈연구결과〉를 근거로 판단할 때, 〈보기〉에서 옳은 것만을 모두 고르면?

> 부온 프레스코(Buon fresco) 기법은 건물의 벽과 천장 등에 그림을 그리는 벽화기법으로 건축물의 벽이나 천장에 석회와 모래, 물을 반죽해 회벽을 바르고, 회벽이 건조되기 전에 내알칼리성 안료(물감)를 증류수와 반죽해서 만든 물감으로 그림을 그리는 화법을 말한다. 이때 석회의 강알칼리성에 견딜 수 있는 내알칼리성 안료를 사용해야 변색이나 퇴색이 없다. 안료를 칠해서 그림을 그린 후 회반죽이 건조되는 과정에서 수분에 녹아있는 칼슘과 공기 중의 이산화탄소가 결합하여 회반죽의 표면에 석회 결정층을 형성하게 되고, 그 결과 회반죽에 칠한 그림이 탄산칼슘 막 아래에 고정되어 대리석에 그림이 그려져 있는 것과 같은 독특하고 아름다운 화면을 만들 수 있다.
>
> 프레스코 기법은 벽이 건조되기 전에 그리느냐, 건조된 후에 안료와 접착제를 혼합해서 만든 물감으로 그리느냐에 따라 부온 프레스코(buon fresco) 기법과 세코 프레스코(secco fresco)기법으로 구분된다. 신선하고 젖은 회반죽에 그리는 부온 프레스코 기법과는 달리 세코 프레스코 기법은 마른 회반죽 표면에 계란, 기름 등의 접착제를 안료와 혼합해서 그림을 그리는 것으로 세월이 지나면서 물감층이 떨어져서 그림이 손상되기 쉽다. 메조 프레스코(mezzo fresco) 기법은 회반죽이 완전히 건조되지 않았을 때 그림을 그리는 화법으로 부온 프레스코 기법에 비해 회반죽 속으로 물감이 덜 깊이 침투되며, 탄산칼슘 막도 적게 일어나서 부온 프레스코 기법과 같은 느낌을 얻을 수는 없다.

―――――――〈연구결과〉―――――――
> 甲연구팀은 중국 집안 지역에 소재하는 고구려 고분벽화의 제작기법과 재료에 관한 자연과학적 분석을 실시한 결과 채색층에 석회 결정층이 형성되지 않았다는 사실을 알게 되었다. 한편 乙연구팀은 아교를 접착제로 사용한 고구려 고분벽화 조각에 장기간 인위적으로 석회수를 분무하여 건조시킨 결과 아교가 용해되어 제거되면서 석회 결정층이 나타나 습식기법과 같은 효과가 나타남을 확인하였다.

―――――――〈보 기〉―――――――
> ㄱ. 甲연구팀이 조사한 고구려 고분벽화 중 부온 프레스코 기법으로 그려진 벽화는 없을 가능성이 크다.
> ㄴ. 乙연구팀이 언급한 '습식기법'은 부온 프레스코 기법을 의미한다.
> ㄷ. 乙연구팀의 조사결과에 의하면, 접착제의 유무만으로 벽화의 제작 기법을 논하는 것에는 논란의 여지가 있다.
> ㄹ. 고구려 고분벽화에서 내알칼리성 안료의 존재가 확인된다면, 그 벽화는 부온 프레스코 기법으로 그려진 것이라고 확신할 수 있다.

① ㄱ, ㄴ
② ㄴ, ㄹ
③ ㄱ, ㄴ, ㄷ
④ ㄱ, ㄴ, ㄹ
⑤ ㄴ, ㄷ, ㄹ

문 18. 다음 글과 〈사례〉를 근거로 판단할 때, 연결이 적절하지 않은 것은?

> 다음은 일상생활에서 나타나는 대표적인 편향에 대한 설명이다.
>
> ㄱ. 인출용이성: 사람들은 사건의 빈도를 평가할 때 그 사건의 기억구조가 탐색과정에 미치는 영향에 따라서 편향을 일으킨다.
>
> ㄴ. 기저율 둔감: 사람들은 사건의 발생 가능성을 평가할 때 어떤 기술적 정보가 주어지면 기저율(사건의 일반적인 발생 혹은 존재 비율)을 무시한 채 판단을 내리는 경향이 있다.
>
> ㄷ. 우연에 대한 오해: 표본의 수가 적을 때에는 우연으로 보이는 사건의 발생이 가능한 데에도 이를 무시하고 확률적으로 타당해 보이는 결과를 기대한다.
>
> ㄹ. 회상용이성: 사람들은 발생빈도가 동일한 사건들에 대해서도 생동감이나 최신성에 따라서 상대적으로 더 쉽게 회상되는 사건들을 그렇지 못한 사건들보다 더 많이 일어난다고 판단한다.
>
> ㅁ. 기준점 효과: 사람들은 어떤 모르는 값을 추정할 때 최초에 제시되는 값(과거사건에서 도출한 값, 사용할 수 있는 아무 값)을 기준으로 삼으며 최종추정치를 정할 때 일반적으로 그 기준에서 충분히 벗어나지 못한다.

─────── 〈사 례〉 ───────

> a. 어떤 부부가 세 아이를 낳았는데 모두 딸이었다. 네 번째 아이의 출산을 앞두고 이 부부는 딸보다는 아들일 가능성이 높을 것이라고 예상한다.
>
> b. 대부분의 사람들은 1990년에서 2000년 사이 미국에서 일어난 사망의 원인 중 흡연, 부적절한 식습관과 운동부족으로 인한 사망자 수보다 자동차사고, 총기사건, 불법적 마약 사용으로 인한 사망자 수가 더 많을 것이라고 추정한다.
>
> c. 영어 단어 중 'a'로 시작하는 단어의 비율은 약 6%, 영어 단어 중 세 번째 철자가 'a'인 단어의 비율은 약 9%이지만 대다수의 사람들은 전자의 비율이 더 높다고 추정한다.
>
> d. 1부터 100까지의 숫자가 적힌 카드 중 한 장을 무작위로 뽑아 제시한 뒤 UN회원국 중 아프리카 나라들이 차지하는 비율을 추측하도록 묻는 실험에서, 제시된 숫자가 10일 때의 답변 평균치는 25였고, 제시된 숫자가 65일 때에는 답변 평균치가 45였다.

> e. 큰 병원에서는 약 45명의 아기가, 작은 병원에서는 약 15명의 아기가 매일 태어난다. 각 병원에서 신생아 중 남아의 비율이 60%를 초과하는 날 수는 큰 병원이 더 많거나 두 병원이 거의 같다고 예상한다.

① ㄱ – c

② ㄴ – e

③ ㄷ – a

④ ㄹ – b

⑤ ㅁ – d

※ [문19. ~ 문20.] 다음 글을 읽고 물음에 답하시오.

> 제00조 ① 선거별 선거기간은 다음 각 호와 같다.
> 　1. 대통령선거는 23일
> 　2. 국회의원선거와 지방자치단체의 의회의원 및 장의 선거는 14일
> ② "선거기간"이란 다음 각 호의 기간을 말한다.
> 　1. 대통령선거: 후보자등록마감일의 다음 날부터 선거일까지
> 　2. 국회의원선거와 지방자치단체의 의회의원 및 장의 선거: 후보자등록마감일 후 6일부터 선거일까지
> ③ 선거운동기간은 선거기간 개시일부터 선거일 전일까지의 기간을 말한다.
> 제00조 ① 임기만료에 의한 선거의 선거일은 다음 각 호와 같다.
> 　1. 대통령선거는 그 임기만료일전 70일 이후 첫 번째 수요일
> 　2. 국회의원선거는 그 임기만료일전 50일 이후 첫 번째 수요일
> 　3. 지방의회의원 및 지방자치단체의 장의 선거는 그 임기만료일전 30일 이후 첫 번째 수요일
> ② 제1항의 규정에 의한 선거일이 국민생활과 밀접한 관련이 있는 민속절 또는 공휴일인 때와, 선거일 전일이나 그 다음 날이 공휴일인 때에는 그 다음 주의 수요일로 한다.
> 제00조 ① 대통령의 임기는 전임대통령의 임기만료일의 다음날 0시부터 개시된다.
> ② 국회의원과 지방의회의원의 임기는 전임의원의 임기만료일의 다음 날부터 개시된다.
> ③ 지방자치단체의 장의 임기는 전임지방자치단체의 장의 임기만료일의 다음 날부터 개시된다.

문19. 윗글을 근거로 판단할 때, 〈보기〉에서 옳은 것만을 모두 고르면?

<보 기>
ㄱ. 대통령선거의 선거운동기간은 22일이다.
ㄴ. 임기만료에 의한 대통령선거의 후보자등록마감일은 항상 화요일이다.
ㄷ. 임기만료에 의한 국회의원선거의 후보자등록마감일은 수요일이거나 목요일이다.
ㄹ. 임기만료에 의한 선거로 당선된 지방자치단체장은 선거 후 20일 만에 임기를 시작할 수도 있다.

① ㄱ, ㄴ
② ㄱ, ㄹ
③ ㄴ, ㄷ
④ ㄴ, ㄹ
⑤ ㄷ, ㄹ

문20. 윗글과 다음 〈상황〉을 근거로 판단할 때, 甲국의 제19대 대통령선거의 선거일은? (단, 제19대 대통령선거는 임기만료에 의한 것으로 간주한다)

<상 황>
○ 대통령의 임기는 5년이다.
○ 제18대 대통령선거는 2012년 12월 19일에 치러졌고, 18대 대통령의 임기는 2013년 2월 25일 월요일부터 시작된다.
○ 윤년은 4년에 한 번만 있고, 2012년은 윤년이었다.

① 2017년 12월 17일
② 2017년 12월 18일
③ 2017년 12월 19일
④ 2017년 12월 20일
⑤ 2017년 12월 21일

문21. 다음 글을 근거로 판단할 때, 〈보기〉에서 옳은 것만을 모두 고르면?

> A국과 B국은 현재 전시상태이고, 외교를 통하여 7가지의 재화를 안정적으로 소비하고자 외교 전략을 수립하고 있다.
> ○ 모든 국가는 금, 쌀, 생선, 석유, 모피, 철강, 쇠고기의 7가지 재화만을 소비한다.
> ○ 양국이 동맹관계일 경우 어느 한 나라가 전쟁에 돌입하면 동맹국도 자동으로 참전하여 그 나라를 돕는다.
> ○ 양국은 우호관계이거나 동맹관계일 경우에만 무역이 가능하다.
> ○ 모든 재화는 직접적인 외교관계를 맺지 않더라도 제3국을 경유하여 우회무역을 할 수 있다. 단, 서로 전쟁 중인 나라 사이의 우회무역은 불가능하다. 예를 들어 A국의 재화는 제3국을 경유하더라도 B국으로 수출될 수 없다.

〈현재 외교 상태〉

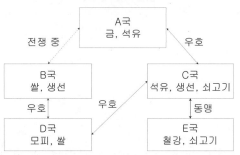

———— 〈보 기〉 ————
> ㄱ. B국이 E국과 동맹을 맺으면 A국은 모든 나라와 전쟁에 돌입하게 된다.
> ㄴ. B국은 A국과 전쟁 중임에도 불구하고 석유를 소비할 수 있다.
> ㄷ. A국은 현재 무역을 통해 모든 재화를 소비할 수 있다.
> ㄹ. 만일 C국이 D국에게 전쟁을 선포한다면 A국은 더 이상 쌀과 철강을 소비할 수 없다.

① ㄱ, ㄴ
② ㄴ, ㄷ
③ ㄴ, ㄹ
④ ㄱ, ㄹ
⑤ ㄴ, ㄷ, ㄹ

문22. 다음 글과 〈상황〉을 근거로 판단할 때 옳은 것은?

> 제00조(경영실적 평가) ① 기획재정부장관은 공기업·준정부기관 성과계약의 이행에 관한 보고서, 경영목표와 경영실적보고서를 기초로 하여 공기업·준정부기관의 경영실적을 평가한다.
> ② 기획재정부장관은 경영실적 평가 결과 경영실적이 부진한 공기업·준정부기관에 대하여 기관장·상임이사의 임명권자에게 그 해임을 건의하거나 요구할 수 있다.
> ③ 기획재정부장관은 제1항에 따른 경영실적 평가 결과 경영부실을 초래한 공기업·준정부기관에 대하여는 향후 경영책임성 확보 및 경영개선을 위하여 필요한 인사상 또는 예산상의 조치 등을 취하도록 요청할 수 있다.
> 〈평가 결과 후속 조치 기준〉
> ① 기관장 해임 건의 및 경고 조치
> • 기관장 평가에서 E 등급 평가를 받은 기관장은 해임 건의
> • D 등급 평가를 받은 기관장에 대해 경고 조치
> ② 경영평가 성과급 차등 지급
> • 평가 결과에 기초하여 기관장은 '기관 평가(50%)+기관장 평가(50%)'를 합산하여 성과급을 차등 지급
> • 직원들은 기관 평가 결과에 기관장 평가 결과를 가감하여 성과급 차등 지급(월 기본급의 50~300%)
> • D 등급 이하 기관에는 성과급 미지급

———— 〈상 황〉 ————
> 기획재정부장관은 공기업 甲, 乙, 丙에 대하여 공공기관 경영실적 평가를 실시하였다. 전문 경영평가단에 의한 경영평가 결과는 다음과 같다.

| 구분 | 기관장 평가 | 기관 평가 |
|---|---|---|
| 甲 | B 등급 | E 등급 |
| 乙 | C 등급 | D 등급 |
| 丙 | D 등급 | C 등급 |

① 공기업 甲의 기관장은 기획재정부장관에게 경고 조치를 받을 것이다.
② 공기업 乙의 기관장과 공기업 丙의 기관장은 동일한 수준의 성과급을 지급받을 것이다.
③ 공기업 丙의 기관장은 해임이 건의될 것이다.
④ 공기업 丙의 직원들은 공기업 甲의 직원들보다 더 많은 성과급을 받을 수 있다.
⑤ 공기업 甲의 직원들은 성과급을 받을 수 있다.

문23. 다음 글을 근거로 판단할 때, 가장 우선적으로 국가근로 장학금을 받게 되는 대상자는?

한국 장학 재단은 능력과 의지만 있는 학생이면 누구나 경제적 사정에 관계없이 균등한 교육기회를 가질 수 있도록 여건을 조성하기 위해 국가근로장학금을 지원하오니 다음 을 참고하셔서 많은 신청 바랍니다.
○ 지원 일자: △△△△.00.00(월) ~ △△△△.00.00(화)
○ 지원 자격: 대한민국 국적자로 성적 및 소득 요건을 충족 하는 대학생
　- 성적 기준: 직전학기 평균 성적 C0이상 (70점/100점 만점) 이상
　　※ 단, 알파벳 성적은 A+, A0, B+, B0, C+, C0, D+, D0 순으 로 높으며 C0를 100점 만점 점수로 환산하면 70점이다.
　- 소득 기준: 소득분위 7분위 이내
○ 선발 기준
　- 1순위: 소득분위 3분위 이내(기초생활수급자 및 차상 위계층 포함)
　- 2순위: 소득분위 4~5분위 이내
　- 3순위: 소득분위 6~7분위 이내
　※ 동일 순위 내에서는 학자금 연체자, 다자녀(3명 이상) 가구 학생, 기혼학생, 부모 중 한 분이 장애인·중증환자인 가계의 학생, 등 록금 실 납부액이 많은 학생 등을 우선 선발한다.

〈10분위 가계소득 기준〉

| 분위 | 소득(원 이하) | 분위 | 소득(원 이하) |
|---|---|---|---|
| 1분위 | 683,446 | 6분위 | 3,628,171 |
| 2분위 | 1,525,860 | 7분위 | 4,228,581 |
| 3분위 | 2,148,524 | 8분위 | 4,908,172 |
| 4분위 | 2,670,377 | 9분위 | 5,976,793 |
| 5분위 | 3,112,851 | 10분위 | |

① A의 직전학기 평균 성적은 A+고, 가계소득은 430만 원이다. 현재 등록금 실 납부액은 530만 원이며 A는 아래로 동생 2명 이 있다.

② B의 직전학기 평균 성적은 100점 만점에 85점이고, 가계소 득은 140만 원이다. 현재 등록금 실 납부액은 340만 원이 며, B는 오빠가 한 명 있고, B는 현재 학자금이 연체되어 있 는 상태이다.

③ C의 직전학기 평균 성적은 B+이고, 가계소득은 270만 원이 다. 현재 등록금 실 납부액은 720만 원이며, C는 외동딸이 고, C의 아버지는 장애 3급 판정을 받았다.

④ D의 직전학기 평균 성적은 D+이고, 기초생활수급자이다. 현재 등록금 실 납부액은 400만 원이며, A는 부모님 없이 형 1명, 동생 1명과 함께 살고 있다.

⑤ E의 직전학기 평균 성적은 100점 만점에 95점이고, 가계소 득은 210만 원이다. 현재 등록금 실 납부액은 340만 원이 며, E는 외동아들이다.

문24. 다음 〈스터디 카페 이용안내〉를 근거로 판단할 때, 〈상황 1〉과 〈상황 2〉의 최소 이용요금의 합계액은?

─── 〈스터디 카페 이용안내〉 ───
○ 우리 카페에는 4인용, 10인용, 20인용 스터디실과 최대 90인이 사용할 수 있는 대회의실이 있습니다.
○ 스터디실은 정원을 초과하여 이용하실 수 없습니다.
○ 스터디실의 이용요금은 기본요금과 추가요금의 합으로 계산됩니다.
○ 이용요금의 계산방식은 대여한 스터디실과 사용 시간을 기준으로 하는 방식과 이용한 인원수와 사용 시간을 기준으로 하는 방식 중에서 이용자분이 선택하시면 됩니다.
○ 요금표는 아래와 같습니다.

〈요금표〉

| 구 분 | 요 금 | | |
|---|---|---|---|
| 스터디실 기준 | 2시간(기본) | | |
| | 4인용 | 10인용 | 20인용 |
| | 20,000 | 50,000 | 100,000 |
| | 3,000원 / 30분(추가) | | |
| 인원수 기준 (1인당) | 6,000원 / 2시간(기본) | | |
| | 1,000원 / 30분(추가) | | |
| 대회의실 (1인당) | 8,000원 / 3시간(기본) | | |
| | 1,500원 / 30분(추가) | | |

※ 대회의실: 이용 인원이 50명 이상일 경우에만 이용 가능
※ 예약시간보다 실제 이용시간이 적더라도 사전 예약한 시간을 기준으로 요금을 받습니다.
※ 매주 화요일은 이용요금을 10% 할인해 드립니다.
  (단, 스터디실 기준으로 계산한 금액에서만 할인)

─── 〈상황 1〉 ───
A기업 산악동호회원 6명이 다음 주 등반계획에 대한 회의를 하기 위하여 토요일에 스터디실을 3시간 동안 사용하였다.

─── 〈상황 2〉 ───
B대학교 동아리원 3명이 동아리 모임을 가지기 위해 화요일 오후 2시부터 5시까지 스터디실을 이용하기로 예약을 하였는데, 실제로 모임을 가진 시간은 3시부터 5시까지였다.

① 69,600원
② 71,400원
③ 77,600원
④ 79,400원
⑤ 80,000원

문25. 다음 글을 근거로 판단할 때, 〈보기〉에서 옳은 것만을 모두 고르면?

1만 7,000명의 하버드대학교 졸업생들에 대한 연구에서 적극적으로 운동을 하지 않은 사람들보다 정기적으로 운동에 참여한 사람들이 심장마비에 걸리는 수가 적은 것으로 나타났다.

1968년 시작된 이 연구는 1920년부터 1950년 사이에 하버드대학교에 입학한 남성들의 건강과 운동 형태를 조사하였다. 이들 가운데 심장병이 없는 사람은 1만 6,936명인 것으로 확인되었다. 이들은 일주일에 운동으로 2,000칼로리 이상을 소비하느냐 그 이하를 소비하느냐에 따라서 각각 운동량이 '많은' 군과 '적은' 군으로 분류되었다. 이들 가운데 1976년까지 심각한 심장마비 증세를 경험한 사람은 572명이었다. 심각한 심장마비 증세를 경험한 사람 중에서 차지하는 비율은 운동량이 '적은' 군이 64%로 높게 나타났다.

─── 〈보 기〉 ───
ㄱ. 이 연구에서 1968년 시점에 심장병이 있는 것으로 파악된 사람은 64명이다.
ㄴ. 위에서 주어진 자료만으로 운동량이 많을수록 심장마비 발생률이 낮을 것이라는 주장이 가능하다.
ㄷ. 운동량이 '많은' 군에서 심장마비 발생률이 낮았다고 하더라도, 운동을 많이 하는 사람은 처음부터 보다 더 건강하고 운동을 좋아하는 사람이었을 수 있다는 제안이 가능하다.
ㄹ. 운동량이 '적은' 군에 포함된 사람 수가 1만 2,000명인 경우, 위의 조사결과는 운동을 많이 할수록 심장마비 발생 가능성이 낮아진다는 주장을 지지한다.

① ㄱ, ㄴ
② ㄱ, ㄷ
③ ㄴ, ㄷ
④ ㄴ, ㄹ
⑤ ㄷ, ㄹ

약점 보완 해설집 p.10

**해커스 7급 PSAT 이준 상황판단 실전동형모의고사**

# 제3회

# 실전동형
# 모의고사

문제 풀이 시작과 종료 시각을 정한 후, 실전처럼 기출문제를 풀어보세요.

____시 ____분 ~ ____시 ____분 (총 25문항 / 60분)

문1. 다음 글을 근거로 판단할 때 옳은 것은?

> 제00조 ① 재외공무원은 본인 또는 그 배우자가 공무로 일시귀국하고자 하는 경우에는 외교통상부장관의 허가를 받아야 한다.
>
> ② 재외공무원 본인이 공무 외의 목적으로 일시귀국하려는 경우에는 공관장의 허가를, 공관장이 공무 외의 목적으로 일시귀국하려는 경우에는 외교통상부장관의 허가를 받아야 한다. 이 경우 재외공무원의 배우자는 공관장에게, 공관장의 배우자는 외교통상부장관에게 각각 신고하여야 한다.
>
> ③ 공관장이 제2항에 따라 재외공무원의 일시귀국을 허가하거나 그 배우자의 일시귀국 신고를 받은 경우에는 이를 외교통상부장관에게 보고하여야 한다.
>
> ④ 재외공무원이 공무 외의 목적으로 일시귀국할 수 있는 기간은 연 1회 20일 이내로 한다. 다만 다음 각호에 해당하는 경우에는 이를 일시귀국의 횟수 및 기간에 산입하지 아니 한다.
>
> 1. 재외공무원의 직계존·비속이 사망하거나 위독하여 일시귀국하는 경우
> 2. 재외공무원 또는 그 동반가족이 치료를 위하여 일시귀국하는 경우
>
> ⑤ 제2항 및 제4항의 규정에 불구하고 재외공무원이 연 1회 또는 20일을 초과하여 공무 외의 목적으로 일시귀국하고자 하는 경우에는 외교통상부장관의 허가를 받아야 한다.
>
> ⑥ 관계기관의 장은 업무상 필요한 경우에는 재외공무원의 일시귀국에 필요한 조치를 할 것을 외교통상부장관에게 요청할 수 있다.

① 재외공무원이 개인적인 사유로 일시귀국하고자 할 때에는 공관장에게 신고하면 된다.

② 재외공무원이 공무에 필요한 이유로 일시귀국하고자 할 때에는 공관장의 허가를 받아야 한다.

③ 공관장의 배우자가 공무 외의 사유로 일시귀국하려는 경우에는 외교통상부장관의 허가를 받아야 한다.

④ 직계존속의 사망으로 일시귀국한 후 복귀한 재외공무원은 같은 해에 다른 개인적인 사정이 발생하여도 한 번 더 일시귀국할 수 없다.

⑤ 재외공무원은 외교통상부장관의 허가를 받는다면 개인적인 사정을 이유로 3주 이상의 기간 동안 일시귀국할 수 있다.

문2. 다음 글을 근거로 판단할 때, A~D의 직업을 바르게 연결한 것은?

> A, B, C, D의 직업은 교수, 경찰관, 의사, 강사 중 하나이며, 이들은 모두 서로 다른 직업을 갖고 있다.
>
> ○ A와 B는 이웃 간이며, 출근할 때 차를 함께 탄다.
> ○ A는 탁구 시합에서 대부분 D를 이긴다.
> ○ B는 C보다 돈을 더 많이 번다.
> ○ 교수는 항상 걸어서 출근한다.
> ○ 경찰관은 의사와 가까이 살지 않는다.
> ○ 강사와 경찰관은 예전에 경찰이 강사를 신호위반으로 체포했을 때, 한 번 만난 적이 있을 뿐이다.
> ○ 경찰관은 의사나 강사보다 돈을 더 많이 번다.

|  | A | B | C | D |
|---|---|---|---|---|
| ① | 의사 | 경찰관 | 교수 | 강사 |
| ② | 의사 | 강사 | 교수 | 경찰관 |
| ③ | 강사 | 의사 | 교수 | 경찰관 |
| ④ | 강사 | 교수 | 의사 | 경찰관 |
| ⑤ | 의사 | 강사 | 경찰관 | 교수 |

문3. 다음 글을 근거로 판단할 때, 〈보기〉에서 옳은 것만을 모두 고르면?

혈액은 몸 안의 세포에 산소와 영양소를 공급하고 세포의 신진대사에 의해 발생하는 이산화탄소와 노폐물을 회수하여 운반하는 것과 같은 역할을 하는 체액이다. 혈액은 액체 성분인 혈장과 적혈구, 백혈구, 혈소판과 같은 세포들로 이루어져 있다. 사람의 경우 혈액 속의 세포 용적률은 여성의 경우 약 38%, 남성의 경우 약 46% 정도이다.

적혈구(erythrocyte)는 세포핵이 없으며 가운데가 오목한 원반형의 세포로, 세포 내에는 헤모글로빈이 있어 산소와 이산화탄소의 운반과 교환에 관여한다. 혈소판(platelet)은 핵이 없는 양쪽이 볼록한 원판형 세포 조각으로 골수에 존재하는 거대핵세포의 파편으로부터 형성된다.

백혈구(leukocyte)는 과립백혈구(granulocyte, 다형핵백혈구)와 무과립백혈구(agranulocyte, 단핵백혈구)로 나뉜다. 과립백혈구의 세포질에는 로마노프스키 혈액 염색액의 중성, 산성, 염기성 성분과 선택적으로 결합하는 특수 과립이 있다. 과립백혈구는 이 특수 과립의 염색성에 따라 중성호성백혈구(neurophil, 호중구), 산호성백혈구(eosinophil, 호산구), 염기호성백혈구(basophil, 호염기구)의 세 종류로 나뉜다. 무과립백혈구는 특수 과립을 갖고 있지 않으며 림프구(lymphocyte)와 단핵구(monocyte)로 구분된다.

※ 세포질(細胞質): 세포 내부를 채우고 있는 액체 형태의 물질

─────〈보 기〉─────
ㄱ. 혈액 내 세포 중에는 세포핵이 없는 것들도 존재한다.
ㄴ. 헤모글로빈은 혈액 내 산소를 전달하는 역할을 하는 세포이다.
ㄷ. 단핵백혈구는 로마노프스키 혈액 염색액에 반응하지 않을 것이다.
ㄹ. 혈액 속의 액체 성분인 혈장과 세포질의 용적률은 남성의 경우 약 54% 정도이다.

① ㄱ, ㄷ
② ㄱ, ㄹ
③ ㄴ, ㄷ
④ ㄱ, ㄷ, ㄹ
⑤ ㄴ, ㄷ, ㄹ

문4. 다음 글을 근거로 판단할 때, 성격이 같은 정책끼리 묶은 것으로 옳은 것은?

정부는 ○○○○년 예산안을 발표하면서 일자리 복지를 강조하고 있다. 이에 따른 예산 투입 방향은 크게 일자리 확충과 일자리 안전망 강화로 나누어진다고 한다. 다음은 일자리 복지와 관련된 정책이다.

가. 정부는 고용시장 안정을 위해 공공근로 등 일자리 58만 9,000개를 창출하겠다는 계획이다. 특히 일자리의 70% 이상을 청년·여성·노인 등 취업 취약계층에 제공할 계획이다. 공공근로 등 직접 일자리 참여자에게는 146억 원을 신규 배정해 직업훈련도 의무화한다.

나. 맞춤형 취업지원사업인 '취업성공패키지'에 참여하는 이들에게 지급되는 훈련수당은 종전보다 25% 인상돼 월 40만 원 지급된다.

다. 내년 일자리 가운데 10만 개는 청년들의 몫이다. 유망 중소기업 인턴 5만 명과 해외봉사단 등 글로벌·문화 교육프로그램 인턴 2만 4,000명 등이 계획돼 있다. '열린 고용' 확산에 주도적 역할을 하고 있는 특성화고의 교육 현장성 강화를 위해 교원 현장연수 예산도 6억 원에서 25억 원으로 대폭 늘렸다.

라. 65세 이상 노인 4만 명과 영세 자영업자 3만 5,000명에게는 실업급여가 새로 지급될 예정이다. 그리고 저임금 근로자 중 국민연금·고용보험료 지원대상이 월평균임금 125만 원 이하에서 130만 원 이하로 확대된다.

마. 무급 휴업자와 휴직 근로자에게 임금을 보전하기 위해 84억 원이 투입되고, 임금을 체불한 사업주가 자발적으로 밀린 임금을 청산할 수 있도록 융자해주는 사업에도 50억 원이 지원된다.

바. 은퇴가 본격적으로 시작된 베이비붐(1955 ~ 1963년생) 세대의 '인생 이모작'을 위해 맞춤형 일자리를 올해의 3배인 3만 개로 늘린다. 중견·중소기업을 대상으로 한 '중장년 재도약 일자리' 1만 개를 만들고, 지역사회 인력 양성 사업을 베이비붐 세대 일자리 사업으로 개편해 일자리 1만 5,000개를 확충한다.

① (가, 나, 다, 바) / (라, 마)
② (가, 바) / (나, 다, 라, 마)
③ (가, 다, 바) / (나, 라, 마)
④ (가, 나, 다) / (라, 마, 바)
⑤ (가, 마, 바) / (나, 다, 라)

문 5. 4인 가족(아빠, 엄마, 아들, 딸)이 A항공사 마일리지를 사용하여 여행을 가려고 한다. 다음 〈마일리지 공제표〉와 〈조건〉을 근거로 판단할 때, 마일리지 사용을 최소화하는 각 가족의 여행지와 그 때 사용하게 될 총 마일리지는?

〈마일리지 공제표〉

| 국가 | 필요 마일리지 |
|---|---|
| 일본 | 3만 |
| 중국 | 3만 |
| 태국 | 4만 |
| 인도 | 5만 |
| 미국 | 6만 |
| 독일 | 6만 |
| 케냐 | 6만 |

※ 필요 마일리지는 1인 이코노미석 왕복 기준이다.

※ 비즈니스석으로 승급할 경우 국가와 무관하게 2만 마일리지가 추가로 소요된다.

─────〈조 건〉─────

○ 아빠는 독일만을 선호한다.

○ 엄마는 일본, 인도, 미국을 선호하지 않는다.

○ 아들은 중국과 독일을 선호하지 않는다.

○ 딸은 중국, 미국, 독일을 선호하지 않는다.

○ 가족 모두 선호하지 않는 나라로는 여행을 가지 않는다. 단, 아빠는 비즈니스석으로 승급한다면 어느 곳으로 여행을 가든 상관없다.

○ 자녀는 반드시 부모 중 한 명 이상과 동행해야 한다.

○ 딸은 엄마와 꼭 동행해야 한다.

○ 케냐는 4인 가족 모두 여행 시 8만 마일리지의 할인 혜택이 있다.

| | 아빠 | 엄마 | 아들 | 딸 | 필요 마일리지 |
|---|---|---|---|---|---|
| ① | 일본 | 태국 | 태국 | 태국 | 18만 |
| ② | 케냐 | 케냐 | 케냐 | 케냐 | 16만 |
| ③ | 일본 | 태국 | 일본 | 태국 | 16만 |
| ④ | 태국 | 태국 | 태국 | 태국 | 16만 |
| ⑤ | 중국 | 태국 | 태국 | 태국 | 16만 |

문 6. 다음 글과 〈甲의 검정 내용〉을 근거로 판단할 때, ㉠~㉣에 들어갈 내용을 〈보기〉에서 골라 바르게 짝지은 것은?

검정이란 모집단에 대하여 어떤 가설을 설정하고 이 가설의 성립여부를 샘플 자료로 판단하고 통계적으로 결정을 내리는 과정을 의미한다. 이 때, 검정의 대상이 되는 가설을 귀무가설(歸無假說)이라고 하고, 귀무가설이 받아들여지지 못할 때(기각) 받아들여지는 가설을 대립가설이라고 한다. 대립가설은 귀무가설과 달리 실제 검정 대상이 아니며 단순히 귀무가설이 기각될 때 대체되는 가설을 말한다. 일반적으로 기존에 알려진 사실이나 분석자가 기각하고자 하는 가설을 귀무가설로 삼고, 새롭게 확인하고자 하는 사실이나 분석자가 채택하고자 하는 가설을 대립가설로 두어 귀무가설이 기각될 때에 대립가설을 채택하는 방식을 취한다.

1종 오류란 귀무가설이 실제 옳은데도 불구하고 검정 결과 그 가설을 기각하는 오류를 말한다. 2종 오류란 귀무가설이 실제로는 틀린 데도 불구하고 검정 결과 귀무가설을 옳은 것으로 받아들이는 오류를 말한다.

─────〈甲의 검정 내용〉─────

A. 甲은 자신이 기르는 하얀 고양이가 양쪽 눈 색깔이 다른 것을 보고 '하얀 고양이의 양쪽 눈 색깔은 다르다.'고 확신하고 자신의 가설을 확인하려고 한다. 甲은 하얀 고양이 100마리를 대상으로 양쪽 눈 색깔을 조사하였고, 그 결과 하얀 고양이 100마리 모두 양쪽 눈의 색깔이 달랐기 때문에 '하얀 고양이의 양쪽 눈 색깔은 다르다'는 결론을 내렸다.

B. 甲의 검정 과정에서 귀무가설은 ( ㉠ )이고, 대립가설은 ( ㉡ )이다. 만약 乙이 검정 과정에서 ( ㉢ )는 사실을 발견했는데도 위와 같은 결론을 내렸다면 甲은 ( ㉣ )를 범한 것이 된다.

─────〈보 기〉─────

가. 하얀 고양이의 양쪽 눈 색깔은 다르다.

나. 하얀 고양이의 양쪽 눈 색깔은 같다.

다. 1종 오류

라. 2종 오류

마. 양쪽 눈 색깔이 다른 하얀 고양이는 매우 드물다.

바. 양쪽 눈 색깔이 같은 노란 고양이가 있다.

| | ㉠ | ㉡ | ㉢ | ㉣ |
|---|---|---|---|---|
| ① | 나 | 가 | 마 | 라 |
| ② | 가 | 나 | 바 | 다 |
| ③ | 나 | 가 | 마 | 다 |
| ④ | 가 | 나 | 마 | 라 |
| ⑤ | 나 | 가 | 바 | 다 |

문7. 다음 글을 근거로 판단할 때, A기업에 최종적으로 채용될 지원자를 모두 고르면?

○ A기업은 남성 1인, 여성 1인을 각각 채용할 예정이다.
○ A기업의 공개채용 절차는 서류심사와 전문직무능력 평가의 2단계로 이루어진다.
○ 서류심사에서는 한국사능력검정시험 2급 이상의 자격증이 있거나 컴퓨터 활용능력 2급 이상의 자격증이 있는 지원자만을 채용한다.
○ 전문직무능력 평가에서는 경제학, 회계학, 상법의 3과목 평균점수가 높은 순서대로 채용한다. 단, 세 과목 중 어느 하나라도 50점 미만인 지원자는 채용하지 않는다.
○ 서류심사에서 TOEIC시험 점수가 800점 이상인 지원자는 전문직무능력 평가의 평균점수에 가산점 5점을 부여한다.

〈서류심사 결과〉

| 구분 | 甲(남) | 乙(여) | 丙(남) | 丁(남) | 戊(여) |
|---|---|---|---|---|---|
| 한국사능력 검정시험(점) | 65 | 70 | 65 | 80 | 55 |
| TOEIC시험(점) | 825 | 760 | 630 | 900 | 850 |
| 컴퓨터 활용능력 | 3급 | 2급 | 1급 | 1급 | 3급 |

〈전문직무능력 평가결과〉

| 구분 | 甲(남) | 乙(여) | 丙(남) | 丁(남) | 戊(여) |
|---|---|---|---|---|---|
| 경제학(점) | 77.5 | 67.5 | 45 | 60 | 75 |
| 회계학(점) | 52.5 | 62.5 | 85 | 72.5 | 80 |
| 상법(점) | 85 | 80 | 90 | 72.5 | 65 |

※ 한국사능력검정시험은 취득점수에 따라 40점 이상은 3급, 60점 이상은 2급, 80점 이상은 1급의 자격증을 부여한다.

① 甲, 乙
② 乙, 丙
③ 乙, 丁
④ 丙, 戊
⑤ 甲, 戊

문8. 다음 글을 근거로 판단할 때, 〈보기〉에서 옳은 것만을 모두 고르면?

○ 甲시에서는 대통령 선거를 위한 투표소를 설치하고자 한다. 甲시의 마을은 A~G의 7개가 있고, 각 마을은 다음 그림과 같이 도로로 연결되어 있다.

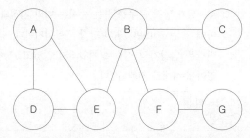

○ 하나의 마을에 투표소가 설치될 경우 해당 마을의 주민과 그 마을과 직접 연결된 마을의 주민의 투표가 가능하다.
○ 앞의 조건에 따라 투표가 가능한 곳이 2곳 이상일 경우, 마을 주민은 어느 곳이든 자유롭게 방문하여 투표할 수 있다. 예를 들어 B와 G에 투표장이 설치되면, F의 주민은 둘 중 어느 곳에서든 투표가 가능하다.
○ 각 마을의 유권자 수와 투표장을 설치할 경우 수용 가능한 유권자 수는 다음과 같다.

(단위: 명)

| 구분 | A | B | C | D | E | F | G |
|---|---|---|---|---|---|---|---|
| 유권자 수 | 1,500 | 1,000 | 500 | 700 | 500 | 1,000 | 500 |
| 수용 가능 유권자 수 | 2,300 | 1,900 | 1,500 | 2,100 | 1,200 | 1,500 | 2,000 |

〈보 기〉

ㄱ. 최소한의 투표장만을 설치하기 위해서 필요한 투표장의 개수는 3개이다.
ㄴ. 투표장의 설치 개수를 최소로 할 경우, 투표장을 설치할 수 있는 방법은 2가지이다.
ㄷ. F에 투표장을 설치할 경우, 총 4개의 투표장이 설치되어야 모든 유권자가 투표에 참여할 수 있다.
ㄹ. E와 F에 투표장을 설치할 수 없다면 B에는 반드시 투표장이 설치되어야 한다.

① ㄱ, ㄴ
② ㄱ, ㄷ
③ ㄷ, ㄹ
④ ㄱ, ㄴ, ㄹ
⑤ ㄴ, ㄷ, ㄹ

문 9. 다음 글을 근거로 판단할 때, 〈보기〉에서 옳은 것만을 모두 고르면?

○ 甲회사는 주말(토, 일) 오전, 오후에 각각 서로 다른 한 명의 직원이 당직 근무를 한다.
○ 甲회사의 직원은 A∼G의 7인이다.
○ A∼G가 당직 근무를 하는 순서는 미리 지정되어 있다.
○ 아래 표는 2019년 7월의 당직 근무일지이다. 근무일지의 빈칸은 담당자의 실수로 기입되지 않았고, 당직은 예외 없이 순서대로 진행되었다.

| 일\구분 | 6 | 7 | 13 | 14 | 20 | 21 | 27 | 28 |
|---|---|---|---|---|---|---|---|---|
| 오전 |  | F | A |  |  | E |  | C |
| 오후 | G |  |  |  |  |  | B |  |

─〈보 기〉─

ㄱ. 2019년 7월 중 A와 D가 같은 날 당직 근무를 하는 날이 존재한다.
ㄴ. 2019년 8월에 당직 근무를 세 번 서는 직원은 총 3명이다.
ㄷ. E와 A는 2019년 6월 29일에 당직 근무를 하였다.
ㄹ. 2019년 6월의 다섯 번째 일요일의 당직 근무 일정은 2019년 7월의 네 번째 토요일의 당직 근무 일정과 동일하다.

① ㄱ, ㄴ
② ㄴ, ㄷ
③ ㄷ, ㄹ
④ ㄱ, ㄴ, ㄹ
⑤ ㄱ, ㄷ, ㄹ

문 10. 다음 글과 〈상황〉을 근거로 판단할 때, 〈보기〉에서 옳지 않은 것만을 모두 고르면?

미국의 정치학자 라스웰은 정치적 무관심을 그 동기에 따라 다음의 세 가지 유형으로 나눈다.

첫 번째는 무정치적 무관심이다. 이는 다시 전통형 무관심과 현대형 무관심으로 나눌 수 있다. 전통형 무관심이란 정치가 모든 국민이 하는 행위가 아니라 일부 특권층만이 하는 행위라고 체념하는 데서 오는 무관심이다. 반면 현대형 무관심이란 오늘날 대중이 정치의 주체가 되고 대중매체를 통해 많은 정치적 정보를 가지고 있음에도 불구하고, 일상생활에 치여 관심 자체가 이미 정치에서 떠난 경우이다.

둘째는 탈정치적 무관심이다. 이는 정치에 큰 기대를 가졌거나 참여했는데 그 기대나 욕구가 좌절되어 무력감으로 나타나는 무관심이다. 예를 들어 "정치인은 다 도둑놈이야! 그놈이 그놈이지!" 하는 사고방식, "투표는 해서 뭐해. 다 뻔한데"와 같은 냉소적 반응이 이에 해당한다.

셋째는 반정치적 무관심이다. 이는 개인의 사상, 신념이 추구하는 가치가 정치와 반대된다고 판단함으로써 생기는 무관심이다. 주로 개인주의적 무정부주의자나 종교적 신비주의자들에게서 엿볼 수 있다.

─〈상 황〉─

A국은 오랜 기간 동안 군사 정권의 독재 하에 있다. 이 나라는 군부세력이 언론을 장악하여 국민들이 진실된 정치적 정보를 접하기 어렵다. 또한 법적으로 보통선거권이 부여되어 있으나 국민들이 개혁세력에게 지지를 보내도 투표조작으로 인해 정치 개혁이 번번이 실패하고 있다. 이에 대다수의 국민들은 정치를 군부세력이 전적으로 좌우하고 있다고 생각하며 투표율이 점차 낮아지고 있다.

─〈보 기〉─

ㄱ. A국의 군부세력이 종교적 신비주의를 사상적 기반으로 하고 있다면 A국에서는 반정치적 무관심이 나타난다.
ㄴ. A국에서는 전통형 무관심과 현대형 무관심이 혼합되어 나타날 것이다.
ㄷ. 향후 A국의 정치 개혁 실패가 거듭된다면 A국의 탈정치적 무관심은 더욱 심화될 것이다.
ㄹ. A국이 정보통신기술의 발달로 정치적 정보를 쉽게 구할 수 있게 된다면 A국은 현대형 무관심이 나타날 것이다.

① ㄱ, ㄴ, ㄷ
② ㄱ, ㄴ, ㄹ
③ ㄱ, ㄷ, ㄹ
④ ㄴ, ㄷ, ㄹ
⑤ ㄱ, ㄴ, ㄷ, ㄹ

문11. 다음 글과 〈상황〉을 근거로 판단할 때, 甲이 고장이 난 막대를 알기 위해 확인하려는 시간으로 적절한 것은?

○ 한 디지털시계의 액정화면에서는 각 숫자가 7개의 육각 막대를 통해 표시된다. 즉, 다음 그림은 2시 47분을 의미한다.

○ 이 시계는 0 ~ 9의 숫자를 다음과 같이 표시한다.

○ 이 시계는 오전과 오후를 나누어 표시한다. 즉, 오후 11시는 11:00으로 표시된다.

○ 이 시계는 액정의 각 자리마다 1개씩 총 4개의 막대가 고장이 난(즉, 검게 표시되지 않는) 상태이다.

〈상 황〉

○ 甲은 각 자리마다 고장이 난 막대가 1개씩 있다는 것을 미리 알고 있었다. 그러나 구체적으로 어느 막대가 고장이 났는지는 미리 알지 못했다.

○ 甲은 동료들에게 단 두 번만 시간을 확인하면 반드시 고장이 난 막대의 정확한 위치를 알 수 있다고 하였다.

① 07 : 25, 11 : 36

② 02 : 30, 09 : 15

③ 05 : 40, 10 : 17

④ 04 : 13, 07 : 56

⑤ 11 : 26, 09 : 08

문12. 다음 글과 〈정보〉를 근거로 판단할 때, 「돈 조반니」가 작곡된 연도를 알기 위해 추가해야 할 〈정보〉로 적절한 것은?

모차르트는 아버지의 권유로 빈의 궁정악단에 취직하려 했다가 실패하고 고향의 궁정 음악가로서 활동하게 되었다. 그 결과 1773년(17세)부터의 약 7년간은 고향에서 활약하는 잘츠부르크 시대가 찾아온다. 이 시기는 모차르트가 음악가로서의 개성을 단련하기 위한 귀중한 기간이었는데, 특히 하이든 형제의 새로운 작품들은 모차르트에게 커다란 자극이 되었다. 이 이후의 주요 작품으로는 「바이올린 소나타」, 「바이올린 협주곡 제5번」, 「파리」, 「대관식 미사」, 「플루트 협주곡」, 「돈 조반니」, 「현악 5중주곡 g단조」, 「후궁으로부터의 도주」 등이 있다.

모차르트는 1775년에 1곡, 1778년에 3곡, 1779년에 1곡, 1782년에 1곡, 1787년에 2곡을 작곡했다.

〈정 보〉

甲은 모차르트의 작품을 연대별로 정리하고자 한다. 모차르트 작품의 작곡 시기에 대한 정보는 다음과 같다.

○ 「돈 조반니」, 「바이올린 소나타」와 「파리」가 작곡된 해에 모차르트는 여러 곡을 작곡했다.

○ 「바이올린 협주곡 제5번」은 1779년 이전에 작곡되었다.

○ 「파리」와 「대관식 미사」는 같은 해에 작곡되지는 않으나 「파리」가 작곡된 때로부터 「대관식 미사」가 작곡된 때까지의 시간 간격은 가장 짧은 간격이었다.

○ 협주곡들은 두 시기에 연달아서 작곡되었다.

○ 「바이올린 협주곡 제5번」이 작곡된 때로부터 「현악 5중주곡 g단조」가 작곡된 때까지의 시간 간격은 가장 긴 간격이었다.

① 「후궁으로부터의 도주」를 작곡하고 난 뒤 가장 긴 공백기가 있었다.

② 「대관식 미사」가 작곡된 때에서부터 「후궁으로부터의 도주」가 작곡된 때까지의 시간 간격과 「바이올린 협주곡 제5번」이 작곡된 때부터 「플루트 협주곡」이 작곡된 때까지의 시간 간격은 동일하다.

③ 「플루트 협주곡」과 「파리」는 같은 연도에 작곡되었다.

④ 바이올린으로 연주하는 곡은 두 시기에 연달아서 작곡되었다.

⑤ 「후궁으로부터의 도주」는 1779년 이후에 작곡되었다.

문 13. 다음 글을 근거로 판단할 때, 가장 많은 토지를 지급받는 가정은?

균전제는 북위(北魏)의 효문제(孝文帝)가 창시하였다. 북위의 균전제는 일반 곡물을 생산하는 노전과 뽕나무를 심어 견사를 생산하는 상전을 대상으로 하였는데, 뽕나무가 재배되지 않는 지역에는 마·포를 생산하는 마전을 지급하였다.

구체적으로 보면, 15세 이상인 백성에게만 전을 지급했는데, 남성에게는 노전 40무를 지급하고 여성에게는 노전 20무를 지급하는 것이 원칙이었다. 그러나 당시에는 황무지가 많았고 처음 개간했을 때에는 휴경기간도 필요했으므로 실제로는 두 배의 토지를 지급했다. 이 외에 남성은 상전 20무를 받는데, 뽕나무를 심기에 적합하지 않은 곳에는 마전 10무를 주었다. 두 경우 모두 여성에게는 남성의 절반을 지급했다. 15세 이상의 노비나 경우(耕牛)※를 소유한 경우, 그 수량에 따라 주인에게 토지를 별도로 지급했다. 그 외에도 곡물재배 이외의 용도로 택지, 과수원, 채소밭 등을 위한 원택지를 지급하였다.

〈북위의 균전제〉

| 지목 \ 대상 | 양인 | | 노비 | 경우 |
|---|---|---|---|---|
| | 남성 | 여성 | | |
| 노전 | 40무 | 20무 | 양인과 같음 | 30무 |
| 상전 | 20무 | 10무 | | |
| 마전 | 10무 | 5무 | | – |
| 원택지 | 3인당 1무 | | 5인당 1무 | |

※ 마·포 생산지역: 양주, 기주, 형주, 평주
※ 견사 생산지역: 상주, 태주, 화주, 낙주, 예주
※ 원택지는 15세 이상의 사람만 기준이 되며 배수로만 지급된다. 예를 들어 양인 4명이라도 1무만 지급한다.
※ 북위는 15세 이하의 혼인을 법으로 금지하였다.

※ 경우: 논밭을 갈 때에 부리는 소

① 미혼인 18세 장남과 16세 차녀를 두고 부인과 함께 양주에 거주하는 甲은 13세 여자 노비를 소유하고 있다.

② 부인을 잃고 30세 아들과 며느리와 함께 사는 乙은 얼마 전 17세의 남자 노비 1명을 들였고 평주에 거주하고 있다. 아들 부부는 3세와 5세 아들을 기르고 있다.

③ 丙은 전쟁으로 남편을 잃고 얼마 전 혼인한 장녀 부부와 함께 지낸다. 남편이 죽고 보상으로 15세 여자 노비 한 명을 국가에서 하사 받았으며, 예주에 거주한다.

④ 부인과 함께 17세의 독녀를 시집보내기 위해 애를 쓰고 있는 丁은 돌아가신 부모님으로부터 30세 남자 노비를 물려받아 태주에서 살고 있다.

⑤ 낙주에 거주하는 40세의 戊는 열심히 일해서 3마리의 경우를 소유하고 있지만, 부인을 구하지 못하여 혼자 살고 있다.

문 14. 다음 글을 근거로 판단할 때, 〈보기〉에서 옳은 것만을 모두 고르면?

노출(exposure)이란 카메라의 촬상 소자에 감광되는 빛의 양을 나타낸다. 사진의 노출은 촬상 소자의 감도, 렌즈와 조리개의 F값, 그리고 카메라의 셔터 속도 등에 의해 종합적으로 결정된다.

촬상 소자의 감도는 ISO로 표기되며, 소자가 빛에 감응하여 빛을 기록하는 속도를 수치로 나타낸 값을 의미한다. 이 값이 높을수록 같은 시간에 받는 빛의 양이 늘어나므로, 다른 요소가 같을 때 감도 수치가 증가하면 더 많은 양의 노출을 통해 밝은 사진을 얻을 수 있다. 다만 ISO값이 높으면 필름이나 디지털 소자 모두 노이즈가 증가하게 된다.

셔터 속도는 초로 표기되며, 셔터막이 개방되어 있는 시간을 나타낸다. 셔터막이 개방되는 시간이 길수록 더 많은 양의 빛이 소자에 감광된다. 일반적인 사진의 셔터 속도는 대개 1/125초 정도이다. 한편 셔터 속도는 노출뿐 아니라 사진의 움직임을 바꿀 수도 있다. 매우 짧은 셔터 속도는 빠르게 움직이는 물체를 멈추게 할 때 쓰인다. 반면 매우 긴 셔터 속도는 예술적인 효과를 위해 움직이는 물체에 고의적으로 블러 효과를 사용하는 데에 쓰인다.

조리개는 렌즈의 유효 구경의 크기를 조절할 수 있는 구성 요소이다. 조리개의 값은 F값으로 표현되며, 광학에서 F값은 기본적으로 (렌즈의 초점거리 [f])/(조리개 직경)으로 계산된다. 조리개의 지름이 커지면 원형인 조리개의 면적이 넓어지고 빛이 모이는 양은 많아지는데, 이 때 F값은 작아지게 된다. 예를 들어 f/2.0은 f/1.0에 비해 조리개 직경이 2배 작은데, 이 때 촬상 소자에 도달하는 빛의 양은 4배가 되어 같은 감도에서 필요한 셔터 속도의 값을 1/4로 줄일 수 있다.

〈보 기〉

ㄱ. 촬상 소자의 감도가 낮으면 감도가 높은 경우에 비해 사진이 어두워지지만, 조리개를 많이 여는 방법으로 조금 더 밝은 사진을 얻을 수 있다.

ㄴ. 셔터 속도가 1/4배가 될 때 촬상 소자에 도달하는 빛의 양은 4배가 될 것이다.

ㄷ. 어두운 무대에서의 무용 동작을 흔들림 없는 정지 동작으로 촬영하려면, ISO값은 높게, F값은 작게 하여 셔터 속도를 충분히 빠르게 하는 것이 좋다.

ㄹ. 렌즈의 초점거리를 더 짧게 하거나 조리개의 직경을 더 크게 하면 촬상 소자에 도달하는 빛의 양이 더 많아지게 할 수 있다.

① ㄱ, ㄴ
② ㄱ, ㄹ
③ ㄴ, ㄷ
④ ㄱ, ㄷ, ㄹ
⑤ ㄴ, ㄷ, ㄹ

문15. 다음 글을 근거로 판단할 때, 양면시장 사업모형의 사례로 적절한 것만을 〈보기〉에서 모두 고르면?

　양면시장(Two-sided Market)이란 하나의 기업이 서로 다른 두 그룹 고객들 사이의 상호작용이 가능하도록 서비스를 제공하는 시장을 의미한다. 이러한 양면시장에서 한 그룹의 고객은 단순한 '고객'이 아니라 다른 그룹을 위한 '투입요소'가 되는 것이다.

　양면시장의 특성을 활용한 양면시장 사업모형은 서로 다른 성질을 지닌 둘 이상의 고객 간의 거래를 중재하거나 양측 간의 거래가 발생할 수 있는 장소를 제공함으로써 수익을 얻는 사업모형(Business Model)이다. 양면시장 사업모형을 가진 기업은 보완성이 강한 여러 가지 상품을 생산하면서 각 그룹에 대해 다른 시장 지배력을 행사할 수 있다. 예를 들어 A그룹 고객은 자신의 소비 선택에 있어 B그룹 상황을 고려하게 된다. 따라서 양면시장 사업을 가진 기업이 B측에서 높은 시장점유율을 가지고 있으면 이는 A측 수요탄력성을 비탄력적으로 만들어 A측 가격에 대한 지배력을 증가시킬 수 있다.

〈보 기〉
ㄱ. C 신문사는 D 신문사보다 구독자가 많아 E 광고회사 광고주에게 D 신문사가 책정한 지면 광고 가격보다 더 높은 지면 광고 가격을 책정하였다.
ㄴ. S 신용카드회사는 타 카드사보다 가입자 수가 적어 가맹점의 수수료율을 타 카드사에 비해 0.5%p 낮게 책정하였다.
ㄷ. K 입시학원은 학원 간의 경쟁이 치열해지고, 수강생들이 이탈하자 수강료를 타 입시학원의 2/3 수준으로 책정하고, 설명회를 개최하는 등 대대적인 홍보행사를 기획하였다.
ㄹ. N 결혼정보회사는 여성 가입자가 선호하는 고소득 전문직 남성 가입자의 수가 경쟁사에 비해 월등히 많아 여성 가입자로부터 높은 수준의 가입비를 받는다.
ㅁ. W 통신사는 이동통신 서비스와 인터넷 서비스를 제공하는데 둘을 동시에 가입하는 경우 묶음 할인을 하고 있다.

① ㄱ, ㄴ, ㄹ
② ㄱ, ㄷ, ㄹ
③ ㄱ, ㄹ, ㅁ
④ ㄴ, ㄷ, ㅁ
⑤ ㄱ, ㄴ, ㄹ, ㅁ

문16. 다음 글과 〈사례〉의 연결이 적절한 것은?

　현재 온라인 사회는 다양한 이념, 가치관, 생활양식을 가진 다원적 네티즌 사회로서 그 시민상을 다음의 5가지 유형으로 분류할 수 있다.
• 공동체주의자(communitarian): 이들은 직접참여민주주의 이상과 상호주의 원칙을 강조하고 메시지의 송신과 정보접근의 동등한 보장을 주장한다. 이들은 온라인 정보의 개방성과 접근가능성을 가장 중시한다.
• 민주적 동원세력(democratic mobilization): 이들은 온라인 사회를 오프라인 조직과 그 동원을 위한 도구로 삼는다. 이들에게 있어 온라인 사회는 오프라인에서의 지지층을 확보하기 위한 수단의 의미를 갖는다.
• 비슷한 취향을 가진 집단(like-minded persons): 이들은 주로 동일한 취미생활을 가진 사람들로서, 자신들만의 다소 폐쇄된 공간에서 관심사에 대해 활발히 교류한다.
• 대중 조작과 지배를 꾀하는 세력(manipulation and domination): 이들은 사이버 공간을 통해 여론을 조작하고 지배권을 행사하고자 한다. 이들은 대량의 악성 댓글을 양산하고 사실처럼 포장된 허위사실을 유포하기도 한다.
• 기술 정예주의자(technological elitism): 이들은 주로 고도의 전문성과 지식수준을 요하는 전문 직업군에 속하는 사람들이다. 이들은 온라인 사회에서 학술적 주제에 대해 논의하여 학문적 발전을 이루고자 한다.

〈사 례〉
ⓐ 나로호 발사에 관한 다양한 정보를 공유하고 의견을 교환하는 '꿈꾸는 과학자들의 쉼터'는 항공우주공학 전공 대학생들과 관련 전문가들이 참여하는 인터넷 카페이다.
ⓑ 'ㅇㅇㅇ를 사랑하는 모임'이라는 인터넷 카페는 정치인 ㅇㅇㅇ의 업적과 활동내역을 카페에 공유하고 다른 커뮤니티에도 이를 적극 배포하도록 장려하고 있다.
ⓒ '△△△에게 진실을 요구합니다'라는 인터넷 카페는 가수 △△△의 학력이 위조되었다고 주장하며 확인되지 않은 사실을 유포하고 여론 조작을 시도했다.
ⓓ '위키피디아'는 웹백과사전으로서, 전 세계의 사람들이 전문지식과 정보를 누구나 자유롭게 업로드하고 누구나 쉽게 정보를 복사·수정·배포할 수 있도록 하고 있다.
ⓔ 'DSLR쟁이'라는 인터넷 동호회는 사진애호가들끼리 사진 촬영기술에 대한 정보를 서로 나누고 중고카메라 장비를 거래하는 등 활발한 활동을 하고 있다.

① 공동체주의자 – ⓐ
② 민주적 동원세력 – ⓑ
③ 비슷한 취향을 가진 집단 – ⓒ
④ 대중 조작과 지배를 꾀하는 세력 – ⓓ
⑤ 기술 정예주의자 – ⓔ

문17. 다음 글을 근거로 판단할 때, 〈보기〉에서 옳은 것만을 모두 고르면?

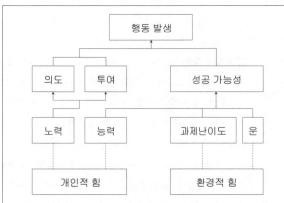

심리학자 H는 인간의 행동을 발생시키는 요인을 설명하기 위해 위와 같은 모형을 제시하였다. H에 의하면 인간의 행동은 의도와 투여, 그리고 성공 가능성에 따라 발생된다. 즉 행동은 행위자의 의도가 클수록, 많은 노력과 자원을 투입할수록, 그리고 과제의 성공 가능성이 클수록 발생되기 쉽다. 여기서 성공 가능성을 구성하는 것은 개인적 힘인 능력과 환경적 힘인 과제난이도 및 운이다. 또한 의도와 투여는 모두 개인의 노력에 의해 발생된다고 주장하였다.

H는 상기의 요소들 간의 관계를 '더하기 관계'와 '곱하기 관계'로서 설명했다. 즉, 능력과 과제난이도 및 운의 요소는 서로 더하기(additive) 관계로서 세 요소의 크기는 서로 합해져 성공 가능성 요소의 강도를 결정한다. 그러나 의도와 투여, 성공 가능성의 세 요소는 서로 곱하기(multiplicative) 관계로서 하나의 강도가 아무리 커도 다른 하나의 강도가 영(0)이면 행동이 발생할 수 없다. 또한 한 요소가 낮음에도 행동이 발생했다면 다른 하나의 강도가 매우 높음을 시사한다.

〈보 기〉

ㄱ. 과제난이도가 매우 쉽더라도 능력이 전혀 없다면 행동의 발생 가능성은 없다.

ㄴ. 성공의 가능성이 매우 높다고 판단되면 행동의 의도와 노력 투여가 약간만 있더라도 행동이 발생할 수 있다.

ㄷ. 어떤 개인이 고시공부를 시작하였다면, 그는 자신의 합격 가능성이 전혀 없지는 않다고 생각한 것이다.

ㄹ. 어떠한 행위의 성공 가능성이 높다고 판단되면 그 행동을 할 의도 역시 증가하게 된다.

ㅁ. 환경적 힘에 해당하는 요소가 모두 영(0)이더라도 오로지 개인적 힘에 의해서 행동이 발생할 수 있다.

① ㄱ, ㄴ, ㄷ　　　　　② ㄱ, ㄷ, ㄹ
③ ㄴ, ㄷ, ㅁ　　　　　④ ㄴ, ㄹ, ㅁ
⑤ ㄷ, ㄹ, ㅁ

문18. 다음 글과 〈조건〉을 근거로 판단할 때 옳지 않은 것은?

· Rh식 혈액형: 붉은털 원숭이의 혈구로 면역된 토끼의 혈청을 사람의 적혈구에 작용시키면 응집하는 경우와 응집하지 않는 경우가 있다. 이때 응집하는 혈구는 Rh인자(Rh항원)가 있다고 한다. Rh인자가 있는 것을 Rh양성(Rh+), 없는 것을 Rh음성(Rh−)이라고 한다.

· MN식 혈액형: M형, N형, MN형으로 분류된다. 이 3형의 출현율은 각 민족에 따른 차이가 별로 없고, 대체로 3:2:5의 비율로 나타난다. M형과 MN형인 사람의 혈구에 M응집원이, N형과 MN형인 사람의 혈구에 N응집원이 있는데, ABO식 혈액형의 경우와 달리 혈청 중에 대응하는 응집소를 가지고 있지 않다.

· E식 혈액형: O형 이외의 혈액형을 가진 사람 중에서만 나타난다. 뱀장어의 혈청 속에 존재하는 응집소(凝集素)에 강하게 반응하는 것을 E형, 반응이 약한 것을 e형으로 하는 혈액형을 말한다.

· S식 혈액형: 혈액의 분비형·비분비형의 분류라고 하며, 1932년 독일의 F.시프가 발견하였다. ABO식 혈액형에 속하는 항원물질(A형질·B형질 및 각 형에 공통인 H물질)을 침·정액·오줌 등의 분비액이나 배설액 속에 가지고 있는 사람을 분비형(Se형), 이것들을 가지고 있지 않거나 가지고 있다고 하여도 극히 소량인 사람을 비분비형(se형)이라고 한다.

〈조 건〉

○ A형인 甲의 경우, 붉은털 원숭이의 혈구로 면역된 토끼의 혈청을 적혈구에 작용시키면 응집한다. 혈구에는 M응집원은 있으나 N응집원은 없었다. 또한 뱀장어의 혈청 속의 응집소에 강하게 반응하며, 오줌에서 H물질이 검출된다.

○ AB형인 乙의 경우, 혈구에 N과 M응집원이 모두 있으며 뱀장어의 응집소에 대한 반응이 약하다. 또한 붉은털 원숭이의 혈구로 면역된 토끼의 혈청을 적혈구에 작용시켜도 응집하지 않는다. 항원 물질이 정액에서 발견되지 않았다.

○ B형인 丙의 경우, 소변 검사에서 극소량의 항원 물질이 검출되었다. 혈구에는 N응집원이 존재하며, 붉은털 원숭이의 혈구로 면역된 토끼의 혈청을 적혈구에 작용시켜도 응집하지 않았으나 뱀장어의 응집소에 대한 반응은 강했다.

① 甲의 혈액형은 Rh+형이면서 Se형이다.
② 乙의 혈액형은 Rh−이고 MN형이다.
③ 丙의 혈액형은 Rh−형, N형, se형이다.
④ 甲의 혈액형은 E형이면서 M형이다.
⑤ 乙의 혈액형은 e형이면서 se형이다.

※ [문19. ~ 문20.] 다음 글을 읽고 물음에 답하시오.

고려시대의 조창은 주로 세곡을 거두기 편리하고 강운이나 해송에 의해 경창까지 운송하는 데에 편리한 삼남지방 곡창지대의 연해나 강가에 설치되었다. 이러한 조창의 주 기능은 그 지방에서 산출되는 세곡을 소장해 두었다가 매년 1회, 정해진 기일에 경창으로 조운하여 국가의 재원에 충당토록 하는 것이었다. 조창에는 사무 전반을 관장하는 판관(判官)과 부정행위를 감독하는 감창사(監倉使)가 중앙에서 파견·배치되었고, 판관 아래에는 세곡를 거두고 직접 운송하여 경창에 입고시키는 일을 담당하는 색전(色典)이라는 향리가 있었다.

준비기간을 포함하여, 전국의 조창에서 경창까지 조운하는 데에는 보통 2~3개월이 소요되었으므로, 매년 2월에 준비를 시작하여 경창에 가까운 곳의 경우에는 4월까지, 그리고 먼 곳의 경우에는 5월까지 조운을 완료하는 것이 일반적이었다. 조운은 국가재정 확보의 중요한 수단이었기 때문에, 소정의 조운기간에 운송을 완료하지 못하거나 해난사고 등으로 적재된 조곡이 유실되었을 경우에는 선원들에게 배상의 책임을 부과하였다. 그러나 해난사고의 경우에는 선박이 출범한 시기에 따라 책임을 달리 물었다. 예를 들어, 소정의 기한 내에 출범하였는데 해상이 악화되어 해난사고가 발생, 사공 8인 이상과 적재된 조곡을 유실하였을 경우에는 책임을 묻지 않았으나, 기한 외에 출범하여 해난사고로 사공의 3분의 1 이상이 조난하였을 경우에는 배상의 책임을 부과하였다.

고려 정종 때에는 전국 12창의 조운선의 수가 정하여졌다. 해안지대에 있는 석두창 이하의 10개 조창에는 1,000석을 적재할 수 있는 대형선인 초마선이 6척씩 배선되었고, 내륙 강가에 설치된 덕흥창과 흥원창에는 각각 200석을 적재할 수 있는 평저선 20척과 21척이 배선되었다.

고려시대의 조운선의 운송비를 살펴보면, 경창에서 가장 먼 경상도 지방으로부터의 운송비는 운송량의 20%에 이르는 등 매우 비쌌으며 대체로 경창과의 거리가 가까워짐에 따라 운송요율이 낮아졌다. 그러나 ⓐ 조창도 존재하는 것을 볼 때 운송비는 경창까지의 거리는 물론 항해의 난이도 등 여러 가지 조건을 고려한 것으로 보인다.

문19. 윗글을 근거로 판단할 때 옳지 않은 것은?

① 경상도 지방의 조창은 5월까지 운송을 완료해야 했다.
② 소정의 기한 내에 출범하였으나 해상이 악화되어 운송이 조운기간보다 지연된 경우에는 선원들에게 배상책임을 부과하였다.
③ 고려 정종 때, 조곡의 유실 없이 모든 조운이 완료되었다면, 그해 5월까지 경창에 조운으로 도착한 세곡의 양은 최대 68,200석이다.
④ 고려의 조창은 단순한 창고나 운송기관이 아니라, 조세 수납의 권한을 지닌 국가기관이었다.
⑤ 내륙 강가에 설치된 덕흥창과 흥원창의 운송량 대비 운송비는 전국에서 가장 높았을 것이다.

문20. 윗글과 다음 〈고려의 조창〉을 근거로 판단할 때, ⓐ 에 해당하는 것은?

〈고려의 조창〉

| 조창명 | 위치 | 경창까지의 거리 | 운송비 |
|---|---|---|---|
| 안란창 | 서해도 | 300km | 520석 |
| 하양창 | 양광도 | 190km | 160석 |
| 장흥창 | 전라도 | 450km | 550석 |
| 해룡창 | 전라도 | 630km | 850석 |
| 통양창 | 경상도 | 720km | 1,070석 |
| 석두창 | 경상도 | 800km | 1,200석 |

① 안란창
② 하양창
③ 장흥창
④ 해룡창
⑤ 석두창

**문 21.** A와 B는 여름 농작물을 재배하는 농부이다. 다음 〈조건〉, 〈기록〉과 〈상황〉을 근거로 판단할 때, A와 B의 올해 재배여부를 예측한 것으로 옳은 것은?

― 〈조 건〉 ―

여름 농작물은 습도는 높을수록, 온도는 낮을수록 잘 자라며, 농부에게는 농산물의 가격이 높을수록, 시장수요가 많을수록 유리하다.

농산물을 재배할지 재배하지 않을지는 위 4가지 기준에 영향을 받고, 어떤 기준에 따라 재배여부를 결정하는지는 개인에 따라 다르다. 또한 각 개인은 자신이 고려하는 기준들에 모두 부합해야만 재배한다.

― 〈기 록〉 ―

(가) 장마가 2달 동안 지속되었고 예년보다 높은 온도에 여름 농작물의 수요도 줄어들었지만 공급 역시 급감했다. 공급량이 줄어들면서 가격이 2배나 올랐고, A는 큰 수익을 얻을 수 있었지만, B는 그렇지 못했다.

(나) 모방송사에서 유난히 더 습하고 더운 여름을 나기위한 방법으로 제철작물을 이용한 요리를 특집으로 다루어서 여름 농작물을 구하려는 주부들이 많아졌다. 농부들 역시 특집방송을 보고 너도나도 여름 농작물 재배를 시작하여 시장에서의 농작물 가격은 하락하였다. A는 그 시기에 해외여행을 계획하였고, B는 농작물 재배를 하고 있었다.

(다) 가뭄이 심했던 그 해는 비가 내리지 않은 덕분에 습도도 낮고 선선했던 해였다. 마치 여름 없이 바로 가을로 넘어온 것 같은 날씨로 인해서 여름 농작물 가격은 하락하였고, 여름 농작물을 찾는 손님도 줄어들었다. A와 B는 농사를 쉬었다.

※ 단, A와 B는 재배여부만을 결정할 뿐 상황에 따라 재배 수량을 다르게 결정하지는 않는다.

― 〈상 황〉 ―

올해 여름에는 장마로 인해서 습도가 높아졌으나 소나기가 잦아 온도는 낮을 것으로 예상된다. 전반적 물가상승으로 인해 여름 농산물의 가격도 상승할 것이며 경기불황으로 인해 농산물수요는 하락할 것으로 보인다.

① A는 농산물을 재배할 것이고, B는 농산물을 재배하지 않을 것이다.

② A는 농산물을 재배하지 않을 것이고, B는 농산물을 재배할 것이다.

③ A는 농산물을 재배할 것이고, B도 농산물을 재배할 것이다.

④ A는 농산물을 재배하지 않을 것이고, B도 농산물을 재배하지 않을 것이다.

⑤ A는 농산물을 재배할 것이고, B는 농산물 재배여부를 알 수가 없다.

**문 22.** 다음 글과 〈상황〉을 근거로 판단할 때, X시의 투표 결과로 옳지 않은 것은?

과반수제는 총 투표수의 절반 이상을 획득하여야 당선자가 결정되는 선거 방식이다. 그런데 과반수제에서 후보가 3명 이상일 경우에는 어떠한 후보자도 과반수의 지지를 획득하지 못하는 경우가 있게 된다. 이 문제를 해결하는 방법 중 하나가 바로 이양투표제도(Single Transferable Vote)이다.

이양투표란 투표 시 유권자에게 후보자 전원의 우선순위를 기입하도록 하여, 과반수 득표자가 없는 경우에 최소득표자의 표를 우선순위에 따라 재분배하는 방법이다. 예를 들면 甲, 乙, 丙의 3명이 입후보하였지만 누구도 과반수의 표를 얻지 못하고, 3위의 후보자가 丙일 때 丙을 탈락시키는 동시에 丙을 1위로 한 유권자의 표를 상위 2명의 후보자에게 재분배한다. 즉 丙을 1위, 甲을 2위로 한 유권자의 표는 甲에게, 丙을 1위, 乙을 2위로 한 유권자의 표는 乙에게 각각 분배된다. 丙을 1위로 하고 2위를 쓰지 않은 유권자는 기권이 된다. 후보자가 4명 이상인 경우에도 이와 같은 방법으로 과반수 득표자가 나올 때까지 재분배를 계속하여 당선자를 결정한다.

― 〈상 황〉 ―

X시의 유권자는 총 150명이며, 정치적 성향이 동일한 5개의 집단(A, B, C, D, E)으로 이루어져 있다. X시의 시의원 선거에서는 과반수제에 따라 1명의 시장을 선출하되, 과반수 득표자가 나오지 않으면 이양투표제에 의해 당선자를 결정하고 있다. 현재 신뢰도 높은 여론조사기관의 조사 결과 각 계층의 정치적 선호 순위가 다음과 같다고 한다. 모든 유권자는 이 여론조사 결과와 동일하게 투표한다고 전제한다.

| 순위 | A(50명) | B(40명) | C(30명) | D(20명) | E(10명) |
|------|---------|---------|---------|---------|---------|
| 1순위 | 甲 | 乙 | 丁 | 丙 | 戊 |
| 2순위 | 乙 | 丙 | 戊 | 乙 | 丁 |
| 3순위 | 丙 | 戊 | 甲 | 甲 | 甲 |
| 4순위 | 丁 | 丁 | 丙 | 戊 | 乙 |
| 5순위 | 戊 | 甲 | 乙 | 丁 | 丙 |

① 5명의 후보 중 丙이 두 번째로 탈락한다.

② 戊 후보가 출마하지 않더라도 선거결과는 변하지 않는다.

③ 乙 후보가 출마하지 않더라도 선거결과는 변하지 않는다.

④ B집단의 표는 1번 재분배된다.

⑤ 최종 당선자는 甲이다.

문23. A대학 미학교수로 근무하는 甲은 서양미술학 수업시간에 아래 5개의 작품을 학생들에게 소개하였다. 다음 〈조건〉에 따라 작품의 소개 순서를 결정하였다고 할 때, 옳은 발언을 한 학생은?

| 작품 | 설명 |
|---|---|
| 절규<br>(The Scream) | 노르웨이의 표현주의 화가 에드바르드 뭉크의 1893년 작품으로 노르웨이 오슬로 뭉크미술관에 소장되어 있다. 이 작품은 마분지에 유화, 파스텔, 카세인을 사용하여 그린 작품으로 유령 같은 모습의 한 남성의 공포에 찬 절규를 표현하고 있다. 크기는 91×73.5cm이다. |
| 해바라기<br>(Sunflowers) | 대표적인 후기 인상주의, 네덜란드 화가인 빈센트 반 고흐의 1888년 작품으로 독일 뮌헨 노이에 피나코텍에 소장되어 있다. 이 작품은 캔버스에 유화로 그린 작품으로 반 고흐에게 '태양의 화가'라는 호칭을 안겨준 중요한 작품이다. 크기는 93×73cm이다. |
| 모나리자<br>(Mona Lisa) | 르네상스 시대의 이탈리아를 대표하는 천재적인 미술가인 레오나르도 다빈치가 1503년에 그리기 시작하여 4년 동안이나 작업에 매달렸지만 완성되지 못한 작품이다. 이 작품은 그가 피렌체의 부호 프란체스코 델 조콘다를 위하여 그의 부인을 그린 초상화로 패널에 유화로 그려졌다. '모나리자의 미소'는 보는 사람에게 신비감을 느끼게 하여 오늘날도 예술적으로 많은 관심을 받고 있다. 현재 프랑스 파리 루브르 박물관에 전시되어 있는 77×53cm의 크기의 작품이다. |
| 1808년 5월 3일<br>(The Third of May 1808) | 18세기 후반부터 19세기 초의 대표적인 스페인 화가인 프란시스코 데 고야의 작품이다. 나폴레옹의 군대가 스페인을 점령하고 양민들을 잔인하게 처형하는 장면을 사실적으로 묘사한 걸작이다. 고야는 1814년에 이 작품을 캔버스에 유화로 그렸다. 스페인 마드리드의 프라도 미술관에 소장되어 있으며 266×345cm의 크기의 작품이다. |
| 가을의 리듬<br>(Autumn Rhythm) | 미국의 추상표현주의 화가인 잭슨 폴록이 1950년에 그린 작품으로 드리핑기법을 이용한 그의 예술 세계의 정점을 보여준다. 캔버스에 유화로 그린 작품으로 흰색, 검은색, 밝은 갈색, 청회색 등 단 네 가지 색상만을 사용하여 가을 분위기를 연출하였다. 현재 미국 뉴욕 메트로폴리탄 미술관에 소장되어 있으며 266.7×525.8cm의 크기의 작품이다. |

─────〈조 건〉─────

○ 작가의 국적과 현재 작품이 보관되어 있는 나라가 동일한 작품들을 연이어 소개하되 작품의 크기가 작은 작품부터 소개한다.

○ 그림에 사람이 그려진 작품들을 연이어 소개한다.

○ 그림의 재질과 그림을 그리는 데 사용한 도구가 모두 동일한 작품들을 연이어 소개한다.

① 가영: 뭉크의 작품은 다섯 작품 중 첫 번째로 소개 되었어.

② 나울: 1800년대의 작품들은 연이어 소개되었어.

③ 다희: 가장 최근에 그려진 작품은 스페인 화가의 작품보다 나중에 소개되었어.

④ 라나: 세 번째로 소개된 작품을 독일로 여행을 가서 직접 보았어.

⑤ 마음: 마지막으로 소개된 작품은 작가가 미처 완성을 시키지 못한 작품이야.

문 24. 다음 글을 근거로 판단할 때, 확실히 알 수 있는 것은?

> P사의 영업부에 근무하는 A~E 5명은 시장조사를 위해 서울, 부산, 대전, 광주, 제주의 다섯 도시에 각각 세 명씩 팀을 구성해서 출장을 갔다. 각 사람은 모두 세 군데 도시에 가서 아래의 사실을 알게 되었다.
>
> ○ A는 부산에 갔지만 대전에는 가지 않았다.
> ○ B는 서울이나 부산 중 어딘가 한쪽에는 갔지만 광주에는 가지 않았다.
> ○ C는 서울과 제주에 갔었다.
> ○ D가 A와 함께 갔던 곳은 광주뿐이었다.
> ○ E는 서울에는 가지 않았다.

① 서울에 갔던 사람은 A, B, C이다.
② 부산에 갔던 사람은 B, C, E이다.
③ 대전에 갔던 사람은 B, D, E이다.
④ 광주에 갔던 사람은 A, C, D이다.
⑤ 제주에 갔던 사람은 B, C, D이다.

문 25. 다음 글을 근거로 판단할 때, 담합의 사례로 적절한 것만을 〈보기〉에서 모두 고르면?

> 통상 「담합」으로 불리는 공동행위는 공정거래법상 사업자가 계약이나 협정 등의 방법으로 다른 사업자와 짜고 가격을 결정하거나 거래 상대방을 제한함으로써 그 분야의 실질적인 경쟁을 제한하는 행위를 가리킨다. 현행 공정거래법은 이 같은 부당한 공동행위의 유형을 대략 8가지로 구분하고 있다. 가격 제한, 판매 제한, 생산 및 출고 제한, 거래 제한, 설비 신·증설 제한, 상품 종류 및 가격 제한, 회사 설립 제한, 사업활동 제한 등이다. 같은 업자들끼리 값을 짜고 올려 받거나 공급물량을 제한하고 다른 회사의 참여를 막는 행위 등이 모두 이 같은 유형에 포함된다. 공정거래위원회는 이 같은 부당한 공동행위를 한 사업자에 대해서는 법령에서 규정한 기준 매출액의 10% 이내에서 과징금을 부과할 수 있다. 일단 담합이 성립되면 어느 하나의 기업이 합의를 위반하고 독자적으로 행동하여도 그 기업의 담합행위가 없었던 것이 되지는 않으며, 법적인 책임이 면제되지 않는다.

〈보 기〉

ㄱ. X, Y, Z 식품회사는 각각 생산하고 있는 라면 가격을 1,000원으로 고정하기로 비밀리에 합의하고 이를 이행하였다. 하지만 Z 식품회사는 합의 이행 시작 보름 후에 라면 가격을 900원으로 할인 판매하여 시장점유율을 높였다.

ㄴ. P 증권사와 R 은행은 은행의 수익성과 고객들의 대출 및 상품수요를 고려하여 CD(양도성 예금증서) 금리를 독자적으로 연 5%로 동일하게 결정하였다.

ㄷ. A, B, C는 국내 3대 건설회사이다. 이들은 대형 국책사업이 있을 때마다 입찰에 참여하면서 상의 하에 입찰가격을 거짓으로 부풀린 혐의로 현재 조사를 받고 있다.

ㄹ. D와 E는 동일한 계열사의 기업이다. D는 재화의 생산에 필요한 부품을 E에게 구입하는 과정에서 계열사 전체의 이익을 극대화하기 위해 E와 협의하여 부품 가격을 결정하였다.

ㅁ. OPEC은 12개국으로 이루어진 주요 석유수출국 모임이다. OPEC 가입국들은 석유 생산 쿼터를 결정하여 자신들의 석유 생산량을 통제하고 국제사회에서 영향력을 행사하고 있다.

① ㄱ, ㄴ
② ㄴ, ㄷ
③ ㄱ, ㄴ, ㄹ
④ ㄱ, ㄷ, ㅁ
⑤ ㄴ, ㄹ, ㅁ

약점 보완 해설집 p.18

# 제4회

# 실전동형
# 모의고사

문 1. 다음 글을 근거로 판단할 때, 〈보기〉에서 주세를 면제받을 수 있는 경우만을 모두 고르면?

> 제00조 ① 다음 각 호의 어느 하나에 해당하는 주류에 대하여는 주세를 면제한다.
> 1. 수출하는 것
> 2. 우리나라에 주둔하는 외국 군대에 납품하는 것
> 3. 외국에 주둔하는 국군부대에 납품하는 것
> 4. 주한외국공관이나 그 밖에 이에 준하는 기관으로서 대통령령으로 정하는 기관에 납품하는 것
> 5. 외국 선원 휴게소에 납품하는 것
> 6. 식품위생 검사 목적으로 수거하는 것
> 7. 무형문화재로 지정받은 기능보유자가 제조한 주류로서 무형문화재 공개에 사용되는 것
> 8. 의약품을 제조할 때 원료로서 사용되는 것
> ② 다음 각 호의 어느 하나에 해당하는 주류의 수입에 대하여는 주세를 면제한다.
> 1. 주한외국공관이 공용품(公用品)으로 직접 수입하는 것 또는 주한외교관이 자가(自家) 소비용으로 직접 수입하는 것
> 2. 사원, 교회나 그 밖의 종교 단체에 의식용(儀式用)으로 외국에서 기증한 것
> 3. 여행자가 입국할 때에 직접 가지고 들어오는 주류로서 관세가 면제되는 것
> 4. 의약품을 제조하기 위한 원료로서 수입하는 것
> 5. 식품위생 검사 목적으로 수거하는 것
> 6. 변질, 품질불량이나 그 밖의 부득이한 사유로 동일한 주류 제조자의 주류 제조장 중 어느 한 곳으로 다시 들어온 수출한 주류
> ③ 제1항 또는 제2항에 따라 주세가 면제된 주류가 원래 목적에 사용되지 아니한 경우에는 그 면세 주류를 가지고 있는 자를 주류를 제조한 자로 보고, 그 면세 주류를 수입한 자를 주류를 수입한 자로 보아 지체 없이 그 주세를 징수한다.

> ─────〈보 기〉─────
> ㄱ. 무형문화재로 지정받은 기능보유자가 무형문화재를 제조할 때 원료로 사용하기 위해 수입한 주류
> ㄴ. 주한 미국대사관 납품을 목적으로 생산하였으나 주한미군에 납품한 주류
> ㄷ. 캐나다에 수출되었다가 품질불량을 이유로 반입되었으나, 이를 다시 멕시코에 수출한 주류
> ㄹ. 주한 일본대사관의 요청에 의하여 수입하였으나, 이를 종교 단체에 일반용으로 판매한 주류

① ㄱ, ㄴ       ② ㄱ, ㄷ
③ ㄴ, ㄷ       ④ ㄴ, ㄹ
⑤ ㄷ, ㄹ

문 2. 다음 〈협상전략〉과 〈상황〉을 근거로 판단할 때, 〈보기〉에서 옳은 것만을 모두 고르면?

> ─────〈협상전략〉─────
> ○ 양국은 자신의 협상전략을 반드시 지키며, 분야별 개방의 정도는 양국 간 대칭적으로 동일하게 되도록 한다.
> ○ 양국 모두에 이익이 되는 분야를 가장 먼저 협상 의제로 삼는다.
> ○ 이익단체의 저항이 심하고 사회갈등의 요인이 되는 분야는 협상을 뒤로 미룬다.
> ○ 국내 반대 여론은 협상 상대국을 압박하는 데 적극 활용한다.
> ○ 제3국가와 상대국 간의 FTA 내용을 적극 활용한다. 자국이 상대적으로 약한 분야는 제3국가보다 더 높은 수준의 개방이 협정 내용에 포함되지 않도록 한다.

> ─────〈상 황〉─────
> A국과 B국은 FTA(자유무역협정) 협상을 하고 있다. A국은 농업 분야가 강하며 B국은 금융 분야가 강하다. 서비스 분야는 시장의 규모가 커지고 경쟁이 유발되어 양국 모두에 이익이 될 것으로 예상된다.
> A국의 금융 분야 종사자들은 FTA 협상의 타결을 적극적으로 반대하고 있으며 사회갈등의 주요 요인이 되고 있다. B국도 마찬가지로 농업 분야 종사자들의 반대가 심한 상황이다.
> C국은 A국, B국 모두와 FTA를 체결하였다. C국은 서비스 분야가 강하여 서비스 분야를 완전개방하였다. 그러나 C국은 농업 분야와 금융 분야에 대해서는 어느 국가에게도 개방하지 않고 있다.

> ─────〈보 기〉─────
> ㄱ. A국과 B국은 자국의 반대 여론을 적극 활용하기 위하여 A국은 금융 분야를, B국은 농업 분야를 최우선 협상 의제로 삼을 것이다.
> ㄴ. A국은 C국과 B국 간의 FTA 내용을 활용하여 금융 분야의 개방을 막고자 할 것이다.
> ㄷ. A국과 B국은 이익이 손해를 능가하는 경우, 농업 분야와 금융 분야를 모두 개방하는 행동을 취할 수 있다.
> ㄹ. 서비스 분야를 제외한 농업 분야, 금융 분야의 개방은 FTA 협정의 내용에 포함되지 않는다.

① ㄱ, ㄴ
② ㄱ, ㄷ
③ ㄱ, ㄹ
④ ㄴ, ㄷ
⑤ ㄴ, ㄹ

문3. 헌법재판소가 헌법조문의 위헌 여부를 판단할 수 있는지에 대한 견해 대립이 있다. 다음 글을 근거로 판단할 때, 헌법재판소가 헌법조문의 위헌 여부를 판단할 수 없다는 입장을 지지하는 것만을 〈보기〉에서 모두 고르면?

헌법 제107조 ① 법률이 헌법에 위반되는지 여부가 재판의 전제가 된 경우에는 법원은 헌법재판소에 제청하여 그 심판에 의하여 재판한다.

헌법재판소법 제41조 ① 법률이 헌법에 위반되는지 여부가 재판의 전제가 된 경우에는 당해 사건을 담당하는 법원은 직권 또는 당사자의 신청에 의한 결정으로 헌법재판소에 위헌 여부 심판을 제청한다.

헌법재판소법 제68조 ① 공권력의 행사 또는 불행사로 인하여 헌법상 보장된 기본권을 침해받은 자는 법원의 재판을 제외하고는 헌법재판소에 헌법소원심판을 청구할 수 있다.
② 제41조 제1항에 따른 법률의 위헌 여부 심판의 제청 신청이 기각된 때에는 그 신청을 한 당사자는 헌법재판소에 헌법소원심판을 청구할 수 있다.

〈보 기〉

ㄱ. 헌법 제107조 제1항과 헌법재판소법 제41조 제1항은 모든 심판대상을 법률로 규정하고 있다. 여기서의 법률은 의회가 제정한 형식적 의미의 법률을 의미한다.

ㄴ. 사회구성원이 합의한 공감대 가치와 시대 사상을 반영한 헌법에 위반되는 헌법조문은 허용되지 않는다.

ㄷ. 헌법 제107조 제1항의 '법률'은 실질적 의미의 법률로 보아 헌법, 명령, 규칙까지 포함된다.

ㄹ. 헌법은 그 전체로서 주권자인 국민의 결단 내지 국민적 합의의 결과라고 보아야 할 것으로, 헌법의 개별 규정을 헌법재판소법 제68조 제1항 소정의 공권력 행사의 결과라고 볼 수 없다.

ㅁ. 헌법의 특정 규정이 다른 규정의 위헌 여부를 판단하는 근거가 될 수 없다.

① ㄱ, ㄷ
② ㄴ, ㅁ
③ ㄷ, ㄹ
④ ㄱ, ㄹ, ㅁ
⑤ ㄴ, ㄷ, ㅁ

문4. 다음 글과 〈상황〉을 근거로 판단할 때, 각 정당에 배분되는 보조금의 비율은?

제00조(보조금의 배분) ① 보조금은 지급 당시 교섭단체를 구성한 정당에 대하여 총보조금의 100분의 50을 정당별로 그 의석 수의 비율에 따라 배분·지급한다.
② 보조금 지급 당시 10석 이상의 의석을 가진 정당에 대하여는 총보조금의 100분의 5씩을 배분·지급한다.
③ 제1항 및 제2항의 규정에 의한 배분·지급액을 제외한 잔여분 중 100분의 60은 지급 당시 국회의석을 가진 정당에 그 의석 수의 비율에 따라 배분·지급하고, 그 잔여분은 국회의원선거의 득표 수 비율에 따라 배분·지급한다.

〈상 황〉

○ '조은나라'에는 A, B, C, D, E 다섯 개의 정당이 존재한다.
○ 의석 수가 35석 이상인 정당은 교섭단체가 된다.
○ 각 정당의 의석 수와 국회의원선거의 득표 수는 다음과 같다.

| 정당 | 의석 수(석) | 득표 수(만 표) |
|---|---|---|
| A | 84 | 150 |
| B | 80 | 150 |
| C | 36 | 40 |
| D | 32 | 40 |
| E | 8 | 20 |

| | A | : | B | : | C | : | D | : | E |
|---|---|---|---|---|---|---|---|---|---|
| ① | 30.5 | : | 31.5 | : | 24.2 | : | 8.6 | : | 5.2 |
| ② | 39.5 | : | 37.6 | : | 17.8 | : | 4.7 | : | 0.4 |
| ③ | 39.5 | : | 37.6 | : | 15.2 | : | 7.3 | : | 0.4 |
| ④ | 36.8 | : | 35.5 | : | 17.9 | : | 8.6 | : | 1.2 |
| ⑤ | 36.8 | : | 37.3 | : | 17.9 | : | 8.6 | : | 3.0 |

문 5. 다음 글을 근거로 판단할 때, 〈보기〉에서 옳은 것만을 모두 고르면?

> 무작위로 추출된 100명을 대상으로 특정 재화의 가치를 알아내기 위한 설문조사를 실시하였다. 질문은 '특정 재화를 0000원에 구입할 의사가 있습니까?'의 형식으로 이루어졌다. 각 첫 번째 제시금액마다 20명씩을 무작위 배정하였다. 설문조사의 통계적 효율성을 증진시키기 위해 첫 번째 질문에서 '예'라고 응답한 사람들에 대해서는 2배의 금액을, '아니오'라고 응답한 사람들에 대해서는 1/2배의 금액을 추가로 질문하였다. 만약 첫 번째 제시금액이 1,000원, 2,000원, 4,000원이면 두 번째 제시금액은 '예'라고 응답한 사람의 경우에는 2,000원, 4,000원, 8,000원이 되며, '아니오'라고 응답한 사람의 경우에는 500원, 1,000원, 2,000원이 되는 것이다. 조사 결과는 다음과 같다.

| 첫 번째 제시금액 (원) | 표본의 크기 | 응답유형별 응답자 수(명) | | | |
|---|---|---|---|---|---|
| | | 예 - 예 | 예 - 아니오 | 아니오 - 예 | 아니오 - 아니오 |
| 1,000 | 20 | 12 | 6 | 1 | 1 |
| 2,000 | 20 | 5 | 4 | 4 | 7 |
| 4,000 | 20 | 2 | 4 | 6 | 8 |
| 8,000 | 20 | 1 | 2 | 3 | 14 |
| 16,000 | 20 | 0 | 4 | 1 | 15 |

> ※ 예를 들어, '1,000원에 구입할 의사가 있습니까?'를 첫 번째 질문으로 하였을 때 '예'라고 대답하였고 '그렇다면 2,000원에 구입할 의사가 있습니까?'를 두 번째 질문으로 하였을 때 '예'라고 대답한 사람은 12명, '1,000원~?'을 첫 번째 질문으로 하였을 때 '아니오'라고 대답하였고 '그렇다면 500원 -?'을 두 번째 질문으로 히였을 때 '예'라고 대답한 사람은 1명임.

〈보 기〉
ㄱ. 조사대상자 중에서 이 재화의 가치를 500원 미만으로 생각하는 사람이 적어도 1명은 존재한다.
ㄴ. 조사대상자 중에서 이 재화의 가치를 32,000원 이상으로 생각하는 사람은 존재하지 않는다.
ㄷ. 조사대상자 중에서 이 재화의 가치를 4,000원 이상으로 생각하는 사람은 그렇지 않은 사람보다 많다.
ㄹ. 조사대상자 중에서 이 재화의 가치를 2,000원 미만으로 생각하는 사람은 27명이다.

① ㄱ
② ㄷ
③ ㄱ, ㄴ
④ ㄷ, ㄹ
⑤ ㄱ, ㄴ, ㄹ

문 6. 다음 글을 근거로 판단할 때, 라라의 핸드폰 색깔과 나영이가 좋아하는 게임을 바르게 묶은 것은? (단, 제시된 이외의 핸드폰 기종, 색깔, 게임은 고려하지 않는다)

> 가은, 나영, 다나, 라라는 서로 다른 기종과 색깔의 핸드폰을 가지고 있으며, 이들은 좋아하는 게임도 각각 다르다.
> ○ 붉은색은 다나의 핸드폰이 아니다.
> ○ 회색 핸드폰을 가진 사람은 테트리스 게임을 좋아한다.
> ○ 라라가 가진 핸드폰은 스카이이다.
> ○ 나영이가 가진 핸드폰은 검은색이다.
> ○ 퀴즈퀴즈 게임을 좋아하는 사람의 핸드폰은 흰색이 아니다.
> ○ 가은이가 가진 핸드폰은 애니콜이며, 테트리스 게임을 좋아하는 아이는 모토로라를 가지고 있다.
> ○ 그림찾기 게임은 스카이를 가진 사람이 좋아하지 않는다.
> ○ 나영이가 가진 핸드폰은 사이언이다.
> ○ 가은이는 프로야구 게임을 좋아한다.

| | 라라의 핸드폰 색깔 | 나영이가 좋아하는 게임 |
|---|---|---|
| ① | 붉은색 | 그림찾기 |
| ② | 회색 | 퀴즈퀴즈 |
| ③ | 회색 | 그림찾기 |
| ④ | 붉은색 | 테트리스 |
| ⑤ | 회색 | 테트리스 |

문7. 다음 글을 근거로 판단할 때, 〈보기〉에서 옳은 것만을 모두 고르면?

○ 런던올림픽 축구 아시아 최종예선을 모두 마친 A조의 최종 결과는 다음과 같다. 결과표는 실수로 지워져 일부가 누락되었다.

| 국가 | 승리 | 무승부 | 패배 | 승점 |
|------|------|--------|------|------|
| 대한민국 | 5 | 1 | 0 | 16점 |
| 카타르 | 1 | 1 | 4 | 5점 |
| 사우디아라비아 | | | | |
| 오만 | 0 | 2 | 4 | 2점 |

○ 예선전은 네 팀이 한 조가 되어 모든 팀이 서로 홈 앤 어웨이(Home & Away) 방식으로 경기를 하는 리그전 방식으로 진행된다.
○ 홈 앤 어웨이(Home & Away) 방식이란, 예를 들어 한국과 카타르가 서로 경기를 한다면 한 번은 한국에서, 또 한 번은 카타르에서 경기를 하는 것으로, 각 팀이 각각 자국과 타국에서 한 번씩 경기를 하는 방식을 말한다.
○ 승점이란 승리하면 3점, 무승부이면 1점, 패배를 하면 0점으로 계산한 점수이다. 각 국가의 순위는 승점을 기준으로 높은 순으로 매기게 된다.

─〈보 기〉─

ㄱ. 각 국가는 여섯 번의 경기를 치르게 되고, 이 조는 총 열두 경기를 치르게 된다.
ㄴ. 사우디아라비아의 최종 성적은 2승 4무가 될 수 있다.
ㄷ. 사우디아라비아의 최종 승점은 11점이 될 수 있다.
ㄹ. 대한민국이 사우디아라비아와의 원정경기에서 무승부를 거두었다면, 카타르는 대한민국과의 원정경기에서 승리를 하였을 것이다.

① ㄱ, ㄴ
② ㄱ, ㄷ
③ ㄴ, ㄷ
④ ㄴ, ㄹ
⑤ ㄷ, ㄹ

문8. 다음 글과 〈상황〉을 근거로 판단할 때 옳은 것은?

제00조(옥외집회 및 시위의 신고 등) ① 옥외집회나 시위를 주최하려는 자는 그에 관한 다음 각 호의 사항을 적은 신고서를 옥외집회나 시위를 시작하기 720시간 전부터 48시간 전에 관할경찰서장에게 제출하여야 한다.
　1. 시기
　2. 장소
② 관할경찰서장 또는 지방경찰청장(이하 "관할경찰관서장"이라 한다)은 제1항에 따른 신고서를 접수하면 신고자에게 접수 일시를 적은 접수증을 즉시 내주어야 한다.
③ 주최자는 제1항에 따라 신고한 옥외집회 또는 시위를 하지 아니하게 된 경우에는 신고서에 적힌 집회 일시 전에 관할경찰관서장에게 그 사실을 알려야 한다.
제00조(신고서의 보완 등) 관할경찰관서장은 전조 제1항에 따른 신고서의 기재 사항에 미비한 점을 발견하면 접수증을 교부한 때부터 12시간 이내에 주최자에게 24시간을 기한으로 그 기재 사항을 보완할 것을 통고할 수 있다.
제00조(옥외집회와 시위의 금지 장소) 누구든지 다음 각 호의 어느 하나에 해당하는 청사 또는 저택의 경계 지점으로부터 100미터 이내의 장소에서는 옥외집회 또는 시위를 하여서는 아니 된다.
　1. 국회의사당, 각급 법원, 헌법재판소
　2. 대통령 관저(官邸), 국회의장 공관, 대법원장 공관, 헌법재판소장 공관
　3. 국무총리 공관. 다만, 행진의 경우에는 해당하지 아니한다.

─〈상 황〉─

甲은 △△△△년 2월 1일 13시에 옥외집회를 감사원 청사 앞에서 주최하고자 한다.

① 甲은 감사원 청사 경계 지점으로부터 50미터 이내의 장소를 옥외집회 장소로 할 수 없다.
② 甲은 적어도 △△△△년 1월 2일 13시까지는 집회 신고를 하여야 한다.
③ 신고서의 기재 사항에 미비한 점이 있어 관할경찰관서장이 그 기재 사항을 보완할 것을 통고한 경우라도 옥외집회가 정상적으로 진행되기 위해서는 적어도 △△△△년 2월 1일 1시까지는 신고서의 보완이 이루어져야 한다.
④ 甲이 감사원 청사가 아닌 국회의장 공관 바로 문 앞에서 옥외집회를 주최하고자 한다면 정기국회 회기가 아닌 이상 옥외집회를 할 수 있다.
⑤ 신고서 보완의 필요성이 있어 관할경찰관서장이 법률상의 시간상 제약을 모두 준수하여 신고서 보완을 통고한 경우에도 신고서 보완기한이 신고서에 기재된 집회시기 이후가 될 수 있다.

문 9. 다음 글을 근거로 판단할 때, 고려시대에 나타날 수 있는 상황을 고르면?

> 오도양계란 고려시대의 지방행정제도를 말하는 것으로 국경의 북방지대에 양계를 설치하였고 이하지역을 5도로 편제하였다. 5도는 양광도, 경상도, 전라도, 서해도, 교주도를 가리키는 것이다. 도의 장관은 안찰사였는데 충렬왕 2년(1276)에 안렴사로 개칭되고 제찰사로 바뀌었다가 다시 안렴사로 환원되었지만 그 제도는 고려 말까지 지속하였다.
>
> 안찰사는 수령을 감찰하는 일을 비롯하여 민생의 질고를 묻는 일 및 옥사 관리, 조세 수납, 군사 기능을 맡았다. 5도의 안찰사는 중앙과 주현을 연결하는 중앙행정기구로서 상당한 역할을 수행하였다. 그러나 안찰사는 전임관으로서의 외직(外職)이 아니라 사명직이었기 때문에 경직(京職)을 가진 채 임기는 봄가을에 바뀌어 6개월이었으며 사무기구도 갖고 있지 않았다. 안찰사로 임명되는 사람이 대부분 5품 내지 6품의 낮은 관리로 도의 장관으로서는 일정한 한계를 갖고 있었는데 이 한계는 고려 말에 해소되었다. 창왕 때 안렴사는 도관찰출척사로 개칭되고 양부대신으로 승격되었으며 공양왕 때는 도의 전임관이 되고 임기는 1년으로 연장되었으며 예하의 사무기구로 경력사까지 설치되었다.
>
> 5도와 달리 양계(兩界)는 변경지대로서 군사적 중요성 때문에 그곳의 장관인 병마사는 성종 8년경에 기록이 보이고, 현종조에는 병마사가 외직으로 기능하고 있다. 이는 5도 안찰사제 성립보다 크게 앞서고 있는 것이다. 그리고 안찰사와 병마사의 처지는 병렬적인 위치에 있지만 병마사의 지위가 좀 더 높았다. 양계의 지배조직은 몽고 침입 후 커다란 변동을 겪으며 고려 말에 다시 부활하기는 하지만 특수행정구역의 성격을 잃어 갔다.
>
> 병마사를 도와 민사 행정을 감독하던 관원의 하나가 행대였다. 분대 또는 분사 어사로도 불리는데 본래 중앙 어사대(사헌부) 소속의 감찰(감찰 어사)이었다. 순환보직의 원리에 따라 일정 기간 양계로 파견되었으며 6개월이 임기였으나 연임되는 경우가 많았다. 남쪽의 5도에는 행대가 없었다. 국방상의 요충지였던 만큼 양계에는 막대한 양의 군량미가 비축되어 있었고 이러한 군량미의 출납을 효율적으로 감독할 관원으로 감찰이 파견되었는데 전곡 출납의 감독은 본래 중앙에서의 감찰의 직무였던 것이다.

① 공양왕 시절 안찰사는 직속 사무기구가 없어 스스로 모든 행정업무를 처리하여야 하는 고충이 있었다.

② 문(文)을 숭상하던 고려는 병마사가 안찰사에게 존칭을 사용하였다.

③ 행대가 경상도 안찰사를 도와 파견되어, 도내 주현의 수령뿐만 아니라 안찰사의 행정 역시 감찰하여 중앙에 보고하였다.

④ 고려 말 안찰사는 자신의 부임지에서 그 지역의 사계절을 모두 경험할 수 있었다.

⑤ 병마사는 자신의 업무에 대해서 중앙정부의 행대를 거쳐서 보고하는 이중적인 절차를 거쳐야 하였다.

문 10. 다음 글을 근거로 판단할 때 〈보기〉에서 옳은 것만을 모두 고르면?

　　은하(Galaxy)는 항성, 밀집성, 성간 물질, 우주진, 암흑 물질 등으로 이루어진 거대한 중력적 계이다. 은하들은 작은 것들은 1천만 개 정도의 항성들을, 큰 것들은 100조 개 정도의 항성들을 가지고 있는데, 이 항성들은 모두 은하의 질량중심을 따라 공전하고 있다. 은하 안에는 수많은 항성계, 성단, 성간운들이 있으며, 우리 태양도 우리 은하 안의 수많은 항성들 중 하나일 뿐이다. 태양도 지구를 비롯한 태양계 천체들을 거느리고 다른 항성들과 마찬가지로 은하 주위를 공전한다.

　　은하는 외형상의 모양, 즉 시각적 형태로 분류된다. 일반적인 형태로 타원 은하와 나선 은하가 있는데 전자는 대강의 윤곽이 타원형이고 후자는 먼지투성이의 나선팔들이 소용돌이치는 원반형 구조이다. 불규칙하거나 기묘한 모양의 은하들은 불규칙 은하로 분류되며 보통 이웃 은하들의 중력에 짓눌려 붕괴된 것으로 취급한다. 은하 간의 상호작용으로 은하들이 서로 합쳐지면 급격하게 항성 형성이 일어나는 폭발적 항성생성 은하가 된다. 응집 구조를 이루기에는 너무 작은 은하들 역시 불규칙 은하로 분류된다.

　　대다수의 은하들은 은하단이라고 하는 상위 구조를 이루고 있으며, 은하단들이 모여 초은하단이라고 불리는 거대한 구조를 형성한다. 초은하단은 다시 은하 필라멘트라는 초거대 구조를 형성하며, 이것들은 광대한 텅 빈 공간, 초공동(보이드)으로 둘러싸여 있다.

　　아직 자세히 이해되지 않은 점으로는, 대부분의 은하들의 질량의 90%가 암흑 물질로 이루어져 있다는 것과, 또 많은 은하들의 중심에 초대질량 블랙홀이 존재한다는 것을 암시하는 관측 결과들 등이 있다. 초대질량 블랙홀은 일부 은하들의 핵에서 발견되는 활동은하핵의 일차적 원인으로 지목되고 있다. 우리 은하 역시 그 중심에 적어도 하나의 블랙홀을 품고 있는 것으로 보인다.

〈보 기〉

ㄱ. 불규칙 은하에 속한 항성은 불규칙 은하의 질량중심을 따라 공전한다.

ㄴ. 원반형 구조의 은하는 불규칙 은하로 분류된다.

ㄷ. 초은하단의 중심에는 초대질량 블랙홀이 존재할 것이다.

ㄹ. 대다수 은하단의 질량의 90%는 암흑 물질로 이루어져 있을 것이다.

① ㄱ, ㄴ
② ㄱ, ㄷ
③ ㄱ, ㄹ
④ ㄴ, ㄷ
⑤ ㄴ, ㄹ

※ [문11. ~ 문12.] 다음 글을 읽고 물음에 답하시오.

> 인디언들은 자신이 태어난 연도의 뒷자리와 생월, 생일을 조합하여 이름을 지었다. 태어난 연도 뒷자리 숫자와 생월의 숫자가 같은 경우 생일에 해당하는 이름말이 붙이지 않는다. 색을 나타내는 이름말과 동물을 나타내는 이름말이 겹치는 경우 태어난 연도의 뒷자리에 해당하는 이름말은 붙이지 않는다. 예를 들어 1807년 1월 1일에 태어난 사람은 '용감한 늑대와 함께 춤을'이 이름이 된다. 각 연도의 뒷자리, 생월, 생일에 대응되는 이름말들은 아래의 〈표〉와 같다.

〈표〉

| 생일 | 이름말 | 생일 | 이름말 |
|---|---|---|---|
| 1일 | ~와(과) 함께 춤을 | 16일 | ~의 왕 |
| 2일 | ~의 기상 | 17일 | ~의 유령 |
| 3일 | ~은(는) 그림자 속에 | 18일 | ~을 죽인 자 |
| 4일 | | 19일 | ~은(는) 맨날 잠잔다 |
| 5일 | | 20일 | ~처럼 |
| 6일 | | 21일 | ~의 고향 |
| 7일 | ~의 환생 | 22일 | ~의 전사 |
| 8일 | ~의 죽음 | 23일 | ~은(는) 나의 친구 |
| 9일 | ~아래에서 | 24일 | ~의 노래 |
| 10일 | ~을(를) 보라 | 25일 | ~의 정령 |
| 11일 | ~이(가) 노래하다 | 26일 | ~의 파수꾼 |
| 12일 | ~의 그늘 | 27일 | ~의 악마 |
| 13일 | ~의 일격 | 28일 | ~와(과) 같은 사나이 |
| 14일 | ~에게 쫓기는 남자 | 29일 | ~의 심판자 |
| 15일 | ~의 행진 | 30일 | ~의 혼 |
| | | 31일 | ~은(는) 말이 없다 |

※ 빈칸은 대응하는 이름말이 없는 것이다.

| 태어난 연도 뒷자리 | 이름말 | 생월 | 이름말 |
|---|---|---|---|
| 0년 | 시끄러운 | 1월 | 늑대 |
| 1년 | 푸른 | 2월 | 태양 |
| 2년 | 어두운 | 3월 | 양 |
| 3년 | 조용한 | 4월 | 매 |
| 4년 | 웅크린 | 5월 | 황소 |
| 5년 | 백색 | 6월 | 불꽃 |
| 6년 | 지혜로운 | 7월 | 나무 |
| 7년 | 용감한 | 8월 | 달빛 |
| 8년 | 날카로운 | 9월 | 말 |
| 9년 | 욕심 많은 | 10월 | 돼지 |
| | | 11월 | 하늘 |
| | | 12월 | 바람 |

문11. 윗글과 다음 〈상황〉을 근거로 판단할 때, 생년월일과 이름말의 연결이 적절한 것은?

> 〈상 황〉
>
> 甲~丁의 생년월일은 다음과 같다.
>
> 甲: 1983년 10월 19일
>
> 乙: 1989년 9월 15일
>
> 丙: 1987년 5월 8일
>
> 丁: 1981년 1월 5일

① 甲: 조용한 돼지는 맨날 잠잔다, 乙: 말의 행진
② 甲: 조용한 돼지, 丙: 용감한 황소
③ 乙: 욕심 많은 말, 丙: 용감한 황소의 죽음
④ 乙: 욕심 많은 말의 행진, 丁: 푸른 늑대
⑤ 丙: 황소의 죽음, 丁: 늑대

문12. 윗글을 근거로 판단할 때, 〈보기〉에서 옳은 것만을 모두 고르면?

> 〈보 기〉
>
> ㄱ. 조합이 가능한 이름 중 가장 짧은 것은 한 글자이며, '양', '매', '말'이 그것이다.
> ㄴ. '시끄러운'으로 시작하는 이름은 반드시 6글자 이상이다.
> ㄷ. 이름이 두 글자인 경우는 '늑대'와 '황소'뿐이다.
> ㄹ. '어두운 태양의 혼'이라는 이름은 존재하지 않는다.

① ㄱ, ㄴ
② ㄱ, ㄹ
③ ㄴ, ㄷ
④ ㄱ, ㄷ, ㄹ
⑤ ㄴ, ㄷ, ㄹ

문 13. 다음 글을 근거로 판단할 때, 〈보기〉에서 옳은 것만을 모두 고르면?

　　동물의 학습 형태의 예로는 익숙, 연상 학습, 시행착오, 모방, 혁신 등 다양한 것들이 있다.

　　익숙은 동물들의 매우 수동적인 학습 형태로서 습관화라 불리기도 한다. 처음에 자극을 받았을 때는 그에 대한 반응을 보이지만, 같거나 비슷한 자극이 지속적으로 반복되면 나중에는 이러한 자극에 대해 더 이상 아무런 반응을 보이지 않는 것을 말한다.

　　연상 학습은 동물이 외부로부터의 특정한 자극에 대해 반응을 한 결과 벌을 받거나 상을 받았을 때 그와 연관되어 배우게 되는 행동이다. 도심 속 비둘기는 사람을 무서워하기보다 사람 주위로 몰려드는 것을 볼 수 있다. 사람 주변에 가면 먹이를 먹을 수 있다는 연관을 통해 나타나는 현상이다.

　　또 다양한 경험을 바탕으로 이로운 결과가 나오면 반응 행동을 보이지만 그렇지 못하면 그 행동을 하지 않는데 이를 시행착오라고 한다. 갓 태어난 새끼들은 어떤 것은 먹었을 때 맛이 없거나 고통을 느끼는 경우가 있다. 이러한 경험을 통해서 먹어도 되는 것과 먹지 말아야 되는 것을 구분하게 되는 것이다.

　　모방은 다른 동물들을 흉내 내는 행동이다. 동물들이 새로운 기술이나 방법을 터득하는 행동은 기본적으로 다른 동물의 행동을 흉내 내는 것으로부터 시작된다.

　　동물의 행동에는 비약적인 발전이 있을 수 있는데 전에는 하지 않던 행동을 어느 순간 창의적으로 갑자기 하기 시작하는 경우가 있다. 이러한 행동을 혁신이라고 한다. 혁신은 지금까지 경험해 보지 못했던 새로운 상황에서 모방이나 시행착오 없이 하는 창의적인 행동이다.

〈보 기〉

ㄱ. 먹이를 새들에게 던져 주면 처음에는 먹이를 재빨리 물고 날아간다. 이러한 먹이 공급이 지속되면 사람이 던져 주는 먹이를 평소와 다름없이 먹게 된다. 이것은 동물의 학습 형태 중 '익숙'과 관계된다.

ㄴ. 개에게 먹이를 주기 전에 종을 쳐주었는데 이것을 반복적으로 하자 나중에는 먹이를 주지 않고 종소리만 들어도 개는 소화액을 분비하게 되었다면, 이는 동물의 학습 형태 중 '익숙'과 관계된다.

ㄷ. 새끼 고양이가 기차 지나가는 소리를 처음 들었을 때 매우 놀랐으나 기차 소리가 반복되자 더 이상 반응하지 않고 잠에서 깨지도 않게 되었다면, 이는 동물의 학습 형태 중 '시행착오'와 관계된다.

ㄹ. 침팬지가 다른 동물의 행동을 보지 않고 시행착오 없이 전에는 사용하지 않던 도구들을 사용하게 되었다면, 이는 동물의 학습 형태 중 '혁신'과 관계된다.

① ㄱ, ㄴ
② ㄱ, ㄷ
③ ㄱ, ㄹ
④ ㄴ, ㄹ
⑤ ㄷ, ㄹ

문 14. 다음 글을 근거로 판단할 때, 〈보기〉에서 옳은 것만을 모두 고르면?

조선사회에는 여러 차원의 다양한 중간단체가 존재하였다. 여기에서 중간단체라는 것은 국가와 가족의 중간에 존재하는 단체를 의미한다. 혈연집단에 관한 중간단체로서는 문중조직이 가장 중요하다. 문중조직은 동족집단 속에 특정 선조를 공유하는 사람들로 구성된다. 이 조직은 17세기경부터 본격적으로 형성되기 시작하는데, 가장 중요한 기능은 양반인가 아닌가를 판별하는 기준 중 하나로 사용되었다는 것이다. 바꾸어 말하면 문중조직을 형성해서 그 구성원이 되는 경우 양반으로 인지될 수도 있었다는 것이다.

다음으로 혈연에 의하지 않은 중간단체로서는 각 계층마다 조직된 자치적인 조직을 들 수 있다. 양반층으로 구성된 향안조직(鄕案組織)이나 향리층으로 구성된 단안(壇案組織)조직이 이에 해당한다. 이것은 모두 읍을 단위로 조직되었다. 바꾸어 말하면 양반이나 향리의 사회적 인지가 읍을 단위로 행해졌다는 것을 의미한다. 그렇기 때문에 어떤 읍에서 양반이라고 인정되어도 그 사람 혹은 그 자손이 다른 읍에서는 양반으로 인정되지 않는 경우도 있고, 오히려 그것이 일반적이었다.

이상이 중간단체의 보편적인 예라고 한다면, 특수한 중간단체로는 상인들이 형성한 조직을 들 수 있다. 예를 들면 서울의 어용상인이었던 전인조직(廛人組織)이나 장시를 순회하는 보부상 조직이 그에 해당한다. 이들은 모두 극히 폐쇄적인 조직이고 특히 후자는 전국적인 조직으로서 강한 결속력을 자랑하였다.

〈보 기〉

ㄱ. 양반 문중조직에 속하면 다른 읍에서도 양반으로 인정되었다.

ㄴ. 향리조직은 폐쇄적 조직이었으나 양반조직은 비교적 개방적 조직이었다.

ㄷ. 전인조직은 지역적인 조직으로서 강한 결속력을 가지고 있었다.

ㄹ. 단안조직은 조선시대의 보편적인 중간단체라 할 수 있다.

① ㄱ

② ㄹ

③ ㄱ, ㄹ

④ ㄴ, ㄷ

⑤ ㄴ, ㄹ

문 15. 다음 〈표〉를 근거로 판단할 때, 옳은 내용을 말하고 있는 사람은?

〈표〉 재외선거제도

| 구분 | 내용 |
|---|---|
| 선거권자 | ① 재외선거인: 국내에 주민등록이 되어 있지 아니하고 국내거소신고도 하지 아니한 사람<br>② 국외부재자신고인: 국외여행자, 유학생, 상사원, 주재원 등 국내에 주민등록 또는 국내거소신고가 되어 있는 사람 중 외국에서 투표하고자 하는 사람 |
| 국외선거<br>운동방법 | ① 선거운동기간에 관계없이 후보자, 후보자가 되고자 하는 자가 자신이 개설한 인터넷 홈페이지를 이용한 선거운동<br>② 선거운동을 할 수 있는 자가 선거운동기간 중 정보통신망을 이용한 선거운동<br>③ 후보자 또는 후보자를 추천한 정당이 선거운동기간 중에 인터넷 언론사를 이용한 인터넷 광고<br>※ 이 외에 다른 방법으로는 선거운동을 할 수 없음<br>※ 선거운동기간은 선거기간 개시일부터 선거일 전일까지이며, 그 기간 외에는 선거운동을 할 수 없음<br>- 제○○대 국회의원 선거운동기간:<br>'□□. 3. 29(목) ~ □□. 4. 10(화)'까지<br>- 제△△대 대통령 선거운동기간:<br>'□□. 11. 27(화) ~ □□. 12. 18(화)'까지 |
| 선거대상<br>&<br>참여할 수<br>있는 선거 | ① 재외선거인: 대통령선거, 임기만료에 따른 비례대표국회의원선거<br>② 국외부재자 신고인<br>- 국내거소신고를 한 사람: 대통령선거, 임기만료에 따른 비례대표국회의원선거<br>- 국내에 주민등록이 있는 사람: 대통령선거, 임기만료에 따른 국회의원선거(비례대표+지역구) |

① 이도: 재외선거인이면서 동시에 국외부재자신고인인 사람은 제도를 통해 투표권을 행사할 수 있어.

② 무휼: 제○○대 국회의원선거에 출마하려는 정치인은 4월 5일 식목일에 친환경공약을 내세워 자신의 인터넷 홈페이지를 이용해 국외선거운동을 할 수 있겠군.

③ 똘복: 제○○대 국회의원선거와 제△△대 대통령선거가 모두 화요일이군.

④ 소희: 제○○대 국회의원선거 후보자를 추천한 정당은 3.1절에 독립운동의 정신계승을 강조하는 인터넷 광고를 할 수 있어.

⑤ 삼봉: 재외선거인은 자신의 지역구를 발전시킬 국회의원을 직접 뽑을 수 있구나.

문 16. 다음 글을 근거로 판단할 때 옳지 않은 것은?

　　정부는 미래의 교통수요에 적절히 대처하기 위하여 철도 증설, 비행장 확충, 도로 확장이라는 정책 대안들을 놓고 고심하고 있다. 철도 증설에는 대대적인 증설과 소규모 증설 방안이 있고 각각 300억 원의 예산과 100억 원의 예산이 소요된다. 비행장 확장은 대대적인 확충과 소규모 확충 방안이 있고 각각 500억 원의 예산과 50억 원의 예산이 소요된다. 도로 확장에는 대대적인 확장과 소규모 확장 방안이 있고 각각 200억 원과 100억 원의 예산이 소요된다.

　　향후 교통수요가 늘어날지 감소할지 예측하기에는 한계가 있으나, 현재 예상치에 따르면 교통수요가 증가할 가능성은 50%, 현상 유지될 가능성은 30%, 감소할 가능성은 20%로 알려져 있다.

　　교통수요가 증가할 경우 예상되는 편익은 철도의 경우 소요 예산의 1.5배, 비행장의 경우 2.5배, 도로의 경우 1.2배가 될 것이다. 교통수요가 유지될 경우 예상되는 편익은 각 정책 대안의 경우 모두 소요 예산의 1배가 될 것이다. 교통수요가 감소할 경우 예상되는 편익은 철도의 경우 소요 예산의 0.5배, 비행장의 경우 0.2배, 도로의 경우 0.8배가 될 것이다.

　　정책에 대한 순편익은 예상되는 편익에서 소요 예산을 차감한 값이 된다.

① 철도를 대대적으로 증설할 경우 기대되는 순편익은 45억 원이다.

② 비행장을 대대적으로 확충할 경우 기대되는 순편익은 295억 원이다.

③ 도로를 소규모로 확장할 경우 기대되는 순편익은 6억 원이다.

④ 예산상의 제약이 없는 경우, 철도·비행기·도로를 모두 대대적으로 확장하는 것이 기대되는 순편익을 가장 크게 만들 수 있는 방안이다.

⑤ 예산이 450억 원으로 주어져 이 범위 내에서만 정책 조합을 선택해야 할 경우 기대되는 순편익을 가장 크게 하기 위해서는 비행장 소규모 확충, 철도 소규모 증설, 도로 대규모 확장 순으로 진행하는 것이 바람직하다.

문 17. 다음 글을 근거로 판단할 때, 〈보기〉에서 옳은 것만을 모두 고르면?

　　□□□□년도부터 '공공기관 평가'와 함께 '기관장 평가'를 실시하였다. 그러나 '기관장 평가'를 분리 시행함으로써 이중 평가에 따른 기관의 부담 증가 및 양 평가결과 간의 차이 발생으로 인해 평가제도의 신뢰성에 대한 논란이 제기되어 왔다. 이에 따라, 그간의 경영 평가제도의 기조를 유지하면서, 평가지표 통합 등을 통해 기관의 평가부담을 줄여 평가제도의 신뢰도와 수용성을 제고하기로 하였다.

　　이를 위해 먼저 이원화된 양 평가체계(평가지표)를 통합하여 유사지표를 두 번 평가하는 비효율을 제거하되 기관장이 그 소임을 제대로 이행하고 있는지에 대해서는 엄정하게 평가할 수 있도록 평가체계를 보완하였다. 또한, 기관 평가단과 기관장 평가단을 경영 평가단으로 통합 운영하기로 하였다.

　　또한 유사·중복되는 평가지표를 축소하고, 성과지표 중심으로 체계화하여 평가에 대한 예측가능성을 제고하였다. 정부지침의 단순이행관련지표 등은 간소화하고, 공공기관의 고유사업, 대국민 서비스 증진 등 핵심 성과지표의 비중을 확대하기로 하였으며, 공기업·준정부기관의 설립목적을 고려하여 평가지표와 평가비중을 차별화하기로 하였다. 구체적으로 공기업은 수익성, 효율성 등을 중심으로 평가해 나가고, 준정부기관은 대국민 서비스, 정부정책 이행 충실도 등을 중점 평가하기로 하였다.

　　마지막으로 경영 평가단 운영 개선이 이루어졌다. 경영 평가단 통합 운영과 함께 평가의 공정성 확보 차원에서 피평가기관으로부터의 연구용역 수주 금지 등 평가위원의 윤리 규정을 강화하였다.

〈보 기〉
ㄱ. 개선안에 의하면 기관장 평가는 없어지고 공공기관 평가로 다시 일원화된다.
ㄴ. 개선안으로 공공기관의 평가에 따른 부담은 감소할 것이다.
ㄷ. 준정부기관의 설립목적은 공공재의 효율적 생산에 있다.
ㄹ. 평가단의 통합 운영은 평가의 윤리성을 제고시킬 것이다.

① ㄱ
② ㄴ
③ ㄱ, ㄹ
④ ㄴ, ㄷ
⑤ ㄷ, ㄹ

문 18. 다음 글을 근거로 판단할 때, 〈보기〉에서 옳지 않은 것만을 모두 고르면?

　　긴급관세제도란 국내산업이 심각한 피해를 받거나 받을 우려가 있음이 조사를 통하여 확인되고 당해 국내산업을 보호할 필요가 있다고 인정되는 때 필요한 범위 안에서 관세를 추가하여 부과할 수 있는 제도를 말한다. 긴급관세는 다음 절차에 따라 부과된다.

　　첫째, 산업피해조사 개시 단계이다. 특정 물품의 수입 증가로 인하여 동종 또는 경쟁 관계에 있는 물품의 생산자에게 피해를 유발하는 경우에 한하여 피해조사신청이 가능하다. 피해조사신청이 있게 되면 무역위원회는 피해조사신청일로부터 30일 이내에 조사 여부를 결정한다. 조사 여부 결정이 있으면 즉시 WTO에 조사 결정 사실을 통보하여야 한다. 산업피해조사 중이라도 긴급 구제조치를 하지 아니하면 해당 국내산업이 회복할 수 없는 피해를 받거나 받을 우려가 있다고 인정하는 때에는 무역위원회에서 기획재정부장관에 잠정긴급관세 부과를 건의하게 된다.

　　기획재정부장관은 잠정긴급관세부과가 건의된 물품에 대하여 국내산업의 보호 필요성, 국제통상 관계, 긴급관세부과에 따른 보상수준 및 국제경제 전반에 미치는 영향을 검토하여 부과 여부 및 품목·세율·기간을 결정한다. 잠정긴급관세는 무역위원회의 부과 건의가 접수된 날부터 1개월 이내에 결정하여야 하며 필요 시 20일 연장이 가능하다. 잠정조치 기간은 200일을 초과할 수 없으며 잠정조치 시행 전에 관련국에 사전협의 기회를 부여해야 하고 시행 시 WTO에 즉시 통보해야 한다.

　　둘째, 긴급관세 부과 단계이다. 무역위원회는 산업피해조사 개시일로부터 4개월 이내에 피해 유무를 판정해야 한다. 피해가 우려될 경우 무역위원회는 산업피해가 있다고 판정한 때로부터 1개월 이내에 관계행정기관에 긴급관세조치를 건의한다. 기획재정부장관은 긴급관세부과가 건의된 물품에 대하여 국내산업의 보호 필요성, 국제통상 관계, 긴급관세부과에 따른 보상수준 및 국제경제 전반에 미치는 영향 등을 검토하여 부과 여부 및 그 내용을 결정·고시한다. 결정은 건의한 날로부터 1개월 이내에 이루어져야 하고 긴급관세부과 결정 시 WTO에 통보 및 무역보상방법에 대한 관계국과의 협의가 이루어져야 한다. 관계국과 협의가 이루어지지 않은 경우 관련국은 긴급관세조치에 상응하는 보복조치가 가능하다.

〈보 기〉

ㄱ. 특정 물품의 수입 증가로 인해 피해를 입은 국내생산자가 피해조사신청을 하게 될 경우 무역위원회는 조사신청 사실을 WTO에 즉시 통보하여야 한다.

ㄴ. 국내생산자는 피해조사신청과 더불어 잠정긴급관세 부과를 기획재정부장관에게 건의할 수 있다.

ㄷ. 산업피해조사 개시일로부터 6개월 이내에 긴급관세부과 결정·고시가 이루어져야 한다.

ㄹ. 잠정관세조치에 관하여 협의 기회는 있었으나 협의가 이루어지지는 못한 경우 관련국은 잠정관세조치에 상응하는 보복조치가 가능하다.

① ㄱ, ㄴ
② ㄱ, ㄹ
③ ㄴ, ㄷ
④ ㄷ, ㄹ
⑤ ㄱ, ㄴ, ㄹ

문 19. 다음 글을 근거로 판단할 때, 〈보기〉에서 옳은 것만을 모두 고르면?

　　식품의 안전성을 확보하기 위해 속임과 위험 요소들을 어떻게 제거할 것인가? 일반적으로 규제는 포지티브 방식과 네거티브 방식으로 나뉜다. '이러한 것만 하지 말라'는 것이 네거티브 방식이며 규정에 있는 '이러한 것'만 허용하는 것이 포지티브 방식이다. 네거티브 방식보다는 포지티브 방식이 훨씬 까다롭다. 예를 들어 일본은 2005년 농식품 잔류 농약 관리 제도를 네거티브 방식에서 포지티브 방식으로 변경하기로 결정했다. 이 방식에 따라 일본은 농식품별로 농약잔류 허용기준을 설정하고 기준이 설정되지 않은 농약 등이 함유된 농식품 유통을 원칙적으로 금지하고 있다. 이 규정에 따라 일본에 수출하는 우리나라 농식품 업체에는 넘어야 할 산이 또 하나 생긴 셈이다.

　　네거티브 방식이든 포지티브 방식이든 목표는 식품의 안전성이다. 이렇게 규제를 통해 목표를 실현하는 방법이 있는가 하면, 특정한 선을 설정해두고 이를 달성한 생산업체나 농업인에게 별칭을 주는 정책도 있다. 바로 GAP 제도이다. GAP는 농산물의 안전성 확보를 위해 오염된 물이나 토양, 농약, 중금속, 위해 생물 등 식품 위해 요소를 생산 이후 포장 단계까지 종합적으로 관리하는 제도를 말한다. 이 제도에 참여하기 위해서는 일정한 자격 요건을 갖추어야 한다. 농가가 이 사업에 참여하기 위해서는 먼저 농촌진흥청 주관으로 실시하는 교육을 이수해야 한다. 그 다음 단계로는 농가의 토양과 재배 용수를 조사하여 기준에 부합해야 하며, 수확 후 농산물의 안전성 분석을 통과한 뒤 저장·포장·수송 관리를 받는다. 이러한 조건을 충족하는 일은 여간 까다로운 일이 아니며, 농가에서 많은 노력을 기울여야만 "GAP 농산물"이라는 이름을 사용할 수 있게 되는 것이다.

　　농산물의 안전성에 대한 소비자들의 욕구가 커지고 있어 GAP 인증 농산물의 시장 확대 가능성은 충분해 보인다. 이 제도는 미국, 중국, 일본, EU, 말레이시아 등에서도 추진 중이며, 향후 농산물 수입국에서 이 규정을 적용할 가능성이 높기 때문에 수출을 희망하는 농가는 GAP 관리 시스템 구축을 위해 노력할 필요가 있다.

〈보 기〉

ㄱ. 우리나라 농민이 일본에 식식품을 수출하기 위해서는 일본에서 농약잔류 허용기준이 설정되어 있는 농약만 사용하여 농작물을 생산하여야 한다.

ㄴ. 일본에서 네거티브 방식에서 포지티브 방식으로 규제를 변경한 것은 일본 정부의 규제 완화 의지가 반영된 것이다.

ㄷ. 규제를 통한 방법보다 GAP 제도를 구축하는 방법이 식품의 안전성 확보에 더욱 효과적이다.

ㄹ. GAP 제도는 규제 정책이라기보다는 유인을 제공해주는 정책으로써의 성격을 지닌다.

① ㄱ, ㄴ
② ㄱ, ㄷ
③ ㄱ, ㄹ
④ ㄴ, ㄹ
⑤ ㄷ, ㄹ

문20. 다음 글과 〈상황〉을 근거로 판단할 때, 옳지 않은 것은?

> 파생금융상품시장에서 옵션(option)이란 미래의 일정한 시점 또는 기간 동안 미리 정해진 가격으로 어떤 상품을 사거나 팔 수 있는 권리를 부여한 계약을 말한다. 선물(forward)의 경우 계약 이행시점에 와서 매도자와 매수자 모두가 계약사항을 이행할 의무가 있는 것과는 달리 옵션은 매입자가 매매 권리를 행사할 때만 매도자는 이에 응할 의무가 있다.
>
> 옵션에는 콜옵션(call option)과 풋옵션(put option)이 있다. 콜옵션은 일정한 시점에 미리 정해진 가격으로 살 수 있는 권리를 말하며, 풋옵션은 일정한 시점에 미리 정해진 가격으로 팔 수 있는 권리를 말한다. 옵션을 매입하고자 하는 사람은 옵션을 구입하기 위해 지불하는 금액인 옵션 프리미엄(option premium)을 내고 옵션을 살 수 있다. 사거나 팔 수 있는 권리가 종료되는 시점을 만기일(expiration date)이라고 하며, 이때 미리 약정된 상품 금액인 행사가격(strike price)과 현물가격을 비교하여 권리를 행사할 것인지를 결정하게 된다.

─────────〈상 황〉─────────

> 투자자 甲은 풋옵션 또는 콜옵션으로 A회사 주식 1주를 1년 뒤 행사가격 5,000원에 투자자 乙로부터 옵션 프리미엄 1,000원을 주고 매입하였다.

① 콜옵션의 경우 해당 주식 가격이 1년 뒤 10,000원이 된다면 투자자 甲은 5,000원에 매입 후 10,000원에 매도하여 4,000원의 이익을 얻게 된다.

② 콜옵션의 경우 해당 주식 가격이 1년 뒤 9,000원이 된다면 투자자 乙은 액면가 9,000원의 주식을 5,000원에 매도함으로써 3,000원의 손해를 보게 된다.

③ 콜옵션의 경우 해당 주식 가격이 1년 뒤 3,000원이 된다면 투자자 甲은 권리 행사를 하지 않음으로써 결과적으로 1,000원의 손해를 볼 것이다.

④ 풋옵션의 경우 해당 주식 가격이 1년 뒤 10,000원이 된다면 투자자 甲은 액면가 10,000원의 주식을 5,000원에 판매함으로써 6,000원의 손해를 볼 것이다.

⑤ 풋옵션의 경우 해당 주식 가격이 1년 뒤 3,000원이 된다면 투자자 乙은 액면가 3,000원의 주식을 5,000원에 매입하게 되어 1,000원의 손실을 볼 것이다.

문21. 다음 글을 근거로 판단할 때 옳은 것은? (단, 피아노 시장에서 A기업, B기업, C기업, D기업의 점유율은 각각 50%, 20%, 5%, 25%이다)

> 공정거래위원회는 기업결합의 경쟁제한성 여부를 심사하여 경쟁을 제한하는 기업결합을 모두 금지하고 있다. 심사결과 경쟁제한성이 없다고 판단되면 그 사실을 신고회사에 통지하고 경쟁제한성이 있다고 판단되면 경쟁제한성을 치유할 수 있는 적절한 시정조치를 부과하게 된다.
>
> 기업결합에 있어서 실제 경쟁제한성 판단이 어렵기 때문에 일정한 요건을 충족하는 기업에 대해서는 경쟁제한성이 있는 것으로 추정하는 제도가 시행되고 있다. 동 추정요건에 해당되면 일단 경쟁제한성이 있다고 추정되며 이를 번복하기 위해서는 기업결합하는 회사가 경쟁제한성이 없음을 입증하여야 한다.
>
> 〈기업결합 경쟁제한성 추정기준〉
> ○ 기업결합 후 시장지배적사업자의 추정요건(공정거래법 00조)에 해당하는 경우 경쟁제한성이 있다고 본다.
> ○ 당해 거래 분야에서 점유율 1위인 기업이 하는 기업결합은 경쟁제한성이 있다고 본다.
> ○ 기업결합 후 시장점유율이 2위인 회사와 25% 이상 차이 나는 경우 경쟁제한성이 있다고 본다.

─────────〈공정거래법〉─────────

> 제00조(시장지배적사업자의 추정) 일정한 거래 분야에서 시장점유율이 다음 각 호의 어느 하나에 해당하는 사업자(일정한 거래 분야에서 연간 매출액 또는 구매액이 40억 원 미만인 사업자는 제외한다)는 시장지배적사업자로 추정한다.
> 1. 1사업자의 시장점유율이 100분의 50 이상
> 2. 3 이하의 사업자의 시장점유율의 합계가 100분의 75 이상. 다만, 이 경우에 시장점유율이 100분의 10 미만인 자를 제외한다.

① 공정거래법상의 시장지배적사업자 추정요건에 해당하는 경우 시장지배력을 남용한 것으로 위법하다.

② A기업, B기업, C기업은 시장점유율의 합계가 100분의 75 이상이므로 세 기업 모두 시장지배적사업자로 추정된다.

③ A기업이 C기업과 기업결합을 하는 경우 이 기업결합은 경쟁제한성이 없다고 추정된다.

④ 기업결합을 하는 기업의 추가적 입증이 없는 한, 피아노 시장에서는 어떠한 기업결합도 경쟁제한성이 있는 것으로 추정될 것이다.

⑤ A기업의 시장점유율이 45%라면 C기업과의 기업결합은 경쟁제한성이 없다고 추정된다.

문22. 다음 글을 근거로 판단할 때, 〈보기〉에서 옳은 것만을 모두 고르면?

제00조 이 법에서 "전직대통령"이란 헌법에서 정하는 바에 따라 대통령으로 선출되어 재직하였던 사람을 말한다.

제00조 ① 전직대통령에게는 연금을 지급한다.

② 제1항에 따른 연금 지급액은 "지급 당시의 대통령 보수연액(報酬年額)"의 100분의 95에 상당하는 금액으로 한다.

제00조 ① 전직대통령의 유족 중 배우자에게는 유족연금을 지급하며, 그 연금액은 "지급 당시의 대통령 보수연액"의 100분의 70에 상당하는 금액으로 한다.

② 전직대통령의 유족 중 배우자가 없거나 제1항에 따라 유족연금을 받던 배우자가 사망한 경우에는 그 연금을 "전직대통령의 30세 미만인 유자녀(遺子女)"와 "30세 이상인 유자녀로서 생계능력이 없는 사람"에게 지급하되, 지급 대상자가 여러 명인 경우에는 그 연금을 균등하게 나누어 지급한다.

제00조 ① "지급 당시의 대통령 보수연액"이라 함은 연금의 지급일이 속하는 월의 대통령 연봉월액의 8.85배에 상당하는 금액을 말한다.

② "30세 이상의 유자녀로서 생계능력이 없는 자"라 함은 유자녀와 그 가족의 소득·재산 및 부양가족 등을 고려하여 사회통념상 전직대통령의 유자녀로서의 품위를 유지하기 어렵다고 인정되는 자를 말한다.

제00조 ① 이 법의 적용 대상자가 공무원에 취임한 경우에는 그 기간 동안 전직대통령 또는 그 유족에 대한 연금의 지급을 정지한다.

② 전직대통령이 다음 각 호의 어느 하나에 해당하는 경우에는 이 법에 따른 전직대통령으로서의 예우를 하지 아니한다.

  1. 재직 중 탄핵결정을 받아 퇴임한 경우
  2. 금고 이상의 형이 확정된 경우
  3. 형사처분을 회피할 목적으로 외국정부에 도피처 또는 보호를 요청한 경우
  4. 대한민국의 국적을 상실한 경우

―――――〈보 기〉―――――

ㄱ. 현직대통령의 연봉이 증가하면 전직대통령에 대한 연금액도 증가한다.

ㄴ. 전직대통령에 대한 연금은 월(月) 단위로 지급된다.

ㄷ. 현직대통령의 연봉이 1억 8천만 원이라면, 전직대통령의 유족 중 배우자는 1억 2천 6백만 원의 유족연금을 받게 된다.

ㄹ. 전직대통령의 유자녀 중 28세의 딸이 5급 공무원으로 임용될 경우, 재직 중에는 유족연금을 받지 못한다.

① ㄱ, ㄷ    ② ㄱ, ㄹ    ③ ㄴ, ㄷ
④ ㄷ, ㄹ    ⑤ ㄱ, ㄴ, ㄹ

문23. 다음 글을 근거로 판단할 때, 〈보기〉에 제시된 방안 중 연료비용이 저렴한 순서대로 나열한 것은?

A는 겨울철 난방을 효율적으로 하기 위하여 대책을 모색하고 있다.

○ A는 실내온도를 24시간 22도 이상으로 유지하고자 한다.

○ 난방기기는 온돌, 온풍기, 난로가 있다. 난방기기를 가동하지 않는 경우 실내온도는 16도로 떨어진다.

○ 온돌의 경우 장작을 아궁이에 넣고 불을 지피는 방법이다. 불을 1회 지피는 경우 장작 가격 2만 원이 소요된다. 아궁이에 불을 지피는 순간 실내온도는 25도가 되고 시간당 0.5도씩 하락하여 결국 16도가 된다.

○ 온풍기를 가동하면 20도가 유지되지만 가동을 중지하는 순간 20도 이하로 떨어진다. 온풍기의 경우 시간당 1,000원이 든다.

○ 난로의 경우 등유 리터당 실내온도를 한 시간 동안 0.5도 높일 수 있다.

○ 등유는 리터당 1,000원이다.

―――――〈보 기〉―――――

ㄱ. 온돌만을 이용하여 실내온도를 22도 이상으로 유지한다.

ㄴ. 온풍기를 가동하고 난로를 시간당 등유 4리터씩 사용한다.

ㄷ. 난로만을 사용하여 실내온도를 높인다.

ㄹ. 온돌을 이용하여 8시간에 한 번씩 아궁이에 불을 지피고, 22도 이하로 실내온도가 내려가는 경우 난로를 사용하여 22도를 유지한다.

① ㄱ - ㄴ - ㄷ - ㄹ
② ㄱ - ㄹ - ㄴ - ㄷ
③ ㄹ - ㄱ - ㄴ - ㄷ
④ ㄹ - ㄱ - ㄷ - ㄴ
⑤ ㄹ - ㄴ - ㄱ - ㄷ

※ [문24. ~ 문25.] 다음 글을 읽고 물음에 답하시오.

제00조(정의) 이 법에서 사용하는 용어의 뜻은 다음과 같다.

1. "대일항쟁기 강제동원 피해"란 만주사변 이후 태평양전쟁에 이르는 시기에 일제에 의하여 강제동원되어 군인·군무원·노무자·위안부 등의 생활을 강요당한 자가 입은 생명·신체·재산 등의 피해를 말한다.

2. "피해자"란 제1호에 따른 대일항쟁기 강제동원 피해를 입은 사람을 말한다.

3. "국외강제동원 희생자"란 다음 각 목의 어느 하나에 해당하는 사람을 말한다.

　가. 1938년 4월 1일부터 1945년 8월 15일 사이에 일제에 의하여 군인·군무원 또는 노무자 등으로 국외로 강제동원되어 그 기간 중 또는 국내로 돌아오는 과정에서 사망하거나 행방불명된 사람 또는 대통령령으로 정하는 부상으로 장해를 입은 사람

　나. 사할린 지역 강제동원 피해자의 경우는 1938년 4월 1일부터 1990년 9월 30일까지의 기간 중 또는 국내로 돌아오는 과정에서 사망하거나 행방불명된 사람

4. "국외강제동원 생환자"란 1938년 4월 1일부터 1945년 8월 15일 사이에 일제에 의하여 군인·군무원 또는 노무자 등으로 국외로 강제동원되었다가 국내로 돌아온 사람 중 국외강제동원 희생자에 해당되지 못한 사람을 말한다.

5. "미수금피해자"란 1938년 4월 1일부터 1945년 8월 15일 사이에 일제에 의하여 군인·군무원 또는 노무자 등으로 국외로 강제동원 되어 노무제공 등을 한 대가로 일본국 및 일본 기업 등으로부터 지급받을 수 있었던 급료, 여러 가지 수당, 조위금 또는 부조료 등(이하 "미수금"이라 한다)을 지급받지 못한 사람을 말한다.

제00조(유족의 범위 등) ① 이 법에서 "유족"이란 피해자, 국외강제동원 희생자, 미수금피해자 가운데 사망하거나 행방불명된 사람의 친족 중 다음 각 호에 해당하는 사람을 말한다.

1. 배우자 및 자녀
2. 부모
3. 손자녀
4. 형제자매

② 위로금 및 미수금 지원금을 지급받을 유족의 순위는 제1항 각 호의 순위로 한다.

③ 제1항 각 호의 순위에 따른 유족은 위로금 및 미수금 지원금을 지급받을 권리를 갖는다. 다만, 같은 순위자가 2명 이상인 경우에는 같은 지분으로 위로금 및 미수금 지원금을 지급받을 권리를 공유한다.

④ 강제동원 피해 사망자의 유골을 인수할 수 있는 유족에 대하여는 제1항 각 호의 해당자가 없는 경우 사망자의 친족 중 대일항쟁기 강제동원 피해조사 및 국외강제동원 희생자 등 지원위원회(이하 "위원회"라 한다)가 인정하는 근친 또는 연고자의 순으로 정한다.

제00조(위로금) 국가는 국외강제동원 희생자 또는 그 유족에게 다음 각 호의 구분에 따라 위로금을 지급한다.

1. 국외로 강제동원되어 사망하거나 행방불명된 경우에는 국외강제동원 희생자 1명당 2천만 원

2. 국외로 강제동원되어 부상으로 장해를 입은 경우에는 국외강제동원 희생자 1명당 2천만 원 이하의 범위에서 장해 정도를 고려하여 대통령령으로 정하는 금액

제00조(미수금 지원금) ① 국가는 미수금피해자 또는 그 유족에게 미수금피해자가 일본국 또는 일본 기업 등으로부터 지급받을 수 있었던 미수금을 당시의 일본국 통화 1엔에 대한 대한민국 통화 2천 원으로 환산하여 지급한다.

② 제1항의 경우에 미수금의 액수가 일본국 통화 100엔 이하인 경우에는 미수금 액수를 일본국 통화 100엔으로 본다.

문24. 윗글을 근거로 판단할 때, 〈보기〉에서 옳은 것만을 모두 고르면?

─〈보 기〉─

ㄱ. 1944년 1월 1일부터 1945년 8월 1일까지 일제에 의하여 만주로 강제동원되었다가 국내로 돌아오는 과정에서 1945년 9월 1일 사망한 사람의 유족은 위로금을 받을 수 있다.

ㄴ. 1940년 1월 1일부터 1942년 1월 1일까지 일제에 의하여 사할린으로 강제동원되었다가 1990년 1월 1일 국내로 돌아온 사람은 위로금을 받을 수 있다.

ㄷ. 1925년 1월 1일부터 1935년 1월 1일까지 일제에 의하여 일본으로 강제동원되었다가 1935년 1월 2일 행방불명된 사람의 유족은 위로금을 받을 수 있다.

ㄹ. 1940년 1월 1일부터 1945년 1월 1일까지 일제에 의하여 만주로 강제동원되었다가 1945년 1월 2일 행방불명된 사람의 유일한 유족인 손자는 2천만 원의 위로금을 받을 수 있다.

① ㄱ, ㄴ　　　　　　　　② ㄱ, ㄹ
③ ㄴ, ㄷ　　　　　　　　④ ㄴ, ㄹ
⑤ ㄷ, ㄹ

문 25. 윗글을 근거로 판단할 때, 〈보기〉의 甲~丙을 보상 금액이 많은 순서대로 옳게 나열한 것은?

〈보 기〉

甲: 할아버지가 국외강제동원 희생자이며, 甲은 그 손자이다. 유족은 현재 손자 2명과 손녀 2명이 있다. 甲은 그 중 가장 나이가 많다.

乙: 미수금피해자이며 당시 일본국 통화로 5천 엔의 급료를 지급받지 못하였다.

丙: 아버지와 어머니가 모두 국외강제동원 희생자이며, 유족은 희생자의 아들 3명과 딸 2명이 있다. 丙은 그 중 막내이다.

① 甲 – 乙 – 丙

② 乙 – 甲 – 丙

③ 乙 – 丙 – 甲

④ 丙 – 甲 – 乙

⑤ 丙 – 乙 – 甲

약점 보완 해설집 p.26

# 2022 해커스 7급 PSAT 이준 상황판단 실전동형모의고사 (1회)

## 컴퓨터용 흑색사인펜만 사용

**[필적감정용 기재]**

*아래 예시문을 옮겨 적으시오

본인은 OOO(응시자성명)임을 확인함

기 재 란

| 책형 | |
|---|---|
| ㉮ | ㉯ |

| 성 명 | 본인 성명 기재 |
|---|---|
| 자필성명 | |
| 시험장소 | |

응시번호

생년월일

※시험감독관 서명
(성명을 정자로 기재할 것)

감독관 확인란

### 상황판단영역(1~10번)

| | ① | ② | ③ | ④ | ⑤ |
|---|---|---|---|---|---|
| 1 | ① | ② | ③ | ④ | ⑤ |
| 2 | ① | ② | ③ | ④ | ⑤ |
| 3 | ① | ② | ③ | ④ | ⑤ |
| 4 | ① | ② | ③ | ④ | ⑤ |
| 5 | ① | ② | ③ | ④ | ⑤ |
| 6 | ① | ② | ③ | ④ | ⑤ |
| 7 | ① | ② | ③ | ④ | ⑤ |
| 8 | ① | ② | ③ | ④ | ⑤ |
| 9 | ① | ② | ③ | ④ | ⑤ |
| 10 | ① | ② | ③ | ④ | ⑤ |

### 상황판단영역(11~20번)

| | ① | ② | ③ | ④ | ⑤ |
|---|---|---|---|---|---|
| 11 | ① | ② | ③ | ④ | ⑤ |
| 12 | ① | ② | ③ | ④ | ⑤ |
| 13 | ① | ② | ③ | ④ | ⑤ |
| 14 | ① | ② | ③ | ④ | ⑤ |
| 15 | ① | ② | ③ | ④ | ⑤ |
| 16 | ① | ② | ③ | ④ | ⑤ |
| 17 | ① | ② | ③ | ④ | ⑤ |
| 18 | ① | ② | ③ | ④ | ⑤ |
| 19 | ① | ② | ③ | ④ | ⑤ |
| 20 | ① | ② | ③ | ④ | ⑤ |

### 상황판단영역(21~25번)

| | ① | ② | ③ | ④ | ⑤ |
|---|---|---|---|---|---|
| 21 | ① | ② | ③ | ④ | ⑤ |
| 22 | ① | ② | ③ | ④ | ⑤ |
| 23 | ① | ② | ③ | ④ | ⑤ |
| 24 | ① | ② | ③ | ④ | ⑤ |
| 25 | ① | ② | ③ | ④ | ⑤ |

자르는 선

# 2022 해커스 7급 PSAT 이준 상황판단 실전동형모의고사 (2회)

**컴퓨터용 흑색사인펜만 사용**

※시험감독관 서명
(성명을 정자로 기재할 것)

책임 감독관 사용

| 성 명 | 본인 성명 기재 |
|---|---|
| 자필성명 | |
| 시험장소 | |

생년월일

응시번호

**[필적감정용 기재]**
*아래 예시문을 옮겨 적으시오
본인은 OOO(응시자성명)임을 확인함

기 재 란

| 책형 | |
|---|---|
| | ㉠ ㉫ |

## 상황판단영역(1~10번)

| | | | | | |
|---|---|---|---|---|---|
| 1 | ① | ② | ③ | ④ | ⑤ |
| 2 | ① | ② | ③ | ④ | ⑤ |
| 3 | ① | ② | ③ | ④ | ⑤ |
| 4 | ① | ② | ③ | ④ | ⑤ |
| 5 | ① | ② | ③ | ④ | ⑤ |
| 6 | ① | ② | ③ | ④ | ⑤ |
| 7 | ① | ② | ③ | ④ | ⑤ |
| 8 | ① | ② | ③ | ④ | ⑤ |
| 9 | ① | ② | ③ | ④ | ⑤ |
| 10 | ① | ② | ③ | ④ | ⑤ |

## 상황판단영역(11~20번)

| | | | | | |
|---|---|---|---|---|---|
| 11 | ① | ② | ③ | ④ | ⑤ |
| 12 | ① | ② | ③ | ④ | ⑤ |
| 13 | ① | ② | ③ | ④ | ⑤ |
| 14 | ① | ② | ③ | ④ | ⑤ |
| 15 | ① | ② | ③ | ④ | ⑤ |
| 16 | ① | ② | ③ | ④ | ⑤ |
| 17 | ① | ② | ③ | ④ | ⑤ |
| 18 | ① | ② | ③ | ④ | ⑤ |
| 19 | ① | ② | ③ | ④ | ⑤ |
| 20 | ① | ② | ③ | ④ | ⑤ |

## 상황판단영역(21~25번)

| | | | | | |
|---|---|---|---|---|---|
| 21 | ① | ② | ③ | ④ | ⑤ |
| 22 | ① | ② | ③ | ④ | ⑤ |
| 23 | ① | ② | ③ | ④ | ⑤ |
| 24 | ① | ② | ③ | ④ | ⑤ |
| 25 | ① | ② | ③ | ④ | ⑤ |

# 2022 해커스 7급 PSAT 이준 상황판단 실전동형모의고사 (3회)

## 컴퓨터용 흑색사인펜만 사용

**책형** ⓐ ⓒ

[필적감정용 기재]
*아래 예시문을 옮겨 적으시오
본인은 OOO(응시자성명)임을 확인함

기 재 란

| 성 명 | 본인 성명 기재 |
|---|---|
| 자필성명 | |
| 시험장소 | |

**응시번호**

| | | | | | |
|---|---|---|---|---|---|
| ⓪ | ⓪ | ⓪ | ⓪ | ⓪ | ⓪ |
| ① | ① | ① | ① | ① | ① |
| ② | ② | ② | ② | ② | ② |
| ③ | ③ | ③ | ③ | ③ | ③ |
| ④ | ④ | ④ | ④ | ④ | ④ |
| ⑤ | ⑤ | ⑤ | ⑤ | ⑤ | ⑤ |
| ⑥ | ⑥ | ⑥ | ⑥ | ⑥ | ⑥ |
| ⑦ | ⑦ | ⑦ | ⑦ | ⑦ | ⑦ |
| ⑧ | ⑧ | ⑧ | ⑧ | ⑧ | ⑧ |
| ⑨ | ⑨ | ⑨ | ⑨ | ⑨ | ⑨ |

**생년월일**

| | | | |
|---|---|---|---|
| ⓪ | ⓪ | ⓪ | ⓪ |
| ① | ① | ① | ① |
| ② | ② | ② | ② |
| ③ | ③ | ③ | ③ |
| ④ | | ④ | ④ |
| ⑤ | | ⑤ | ⑤ |
| ⑥ | | ⑥ | ⑥ |
| ⑦ | | ⑦ | ⑦ |
| ⑧ | | ⑧ | ⑧ |
| ⑨ | | ⑨ | ⑨ |

※시험감독관 서명
(성명을 정자로 기재할 것)

감독관 확인란

## 상황판단영역(1~10번)

| | ① | ② | ③ | ④ | ⑤ |
|---|---|---|---|---|---|
| 1 | ① | ② | ③ | ④ | ⑤ |
| 2 | ① | ② | ③ | ④ | ⑤ |
| 3 | ① | ② | ③ | ④ | ⑤ |
| 4 | ① | ② | ③ | ④ | ⑤ |
| 5 | ① | ② | ③ | ④ | ⑤ |
| 6 | ① | ② | ③ | ④ | ⑤ |
| 7 | ① | ② | ③ | ④ | ⑤ |
| 8 | ① | ② | ③ | ④ | ⑤ |
| 9 | ① | ② | ③ | ④ | ⑤ |
| 10 | ① | ② | ③ | ④ | ⑤ |

## 상황판단영역(11~20번)

| | ① | ② | ③ | ④ | ⑤ |
|---|---|---|---|---|---|
| 11 | ① | ② | ③ | ④ | ⑤ |
| 12 | ① | ② | ③ | ④ | ⑤ |
| 13 | ① | ② | ③ | ④ | ⑤ |
| 14 | ① | ② | ③ | ④ | ⑤ |
| 15 | ① | ② | ③ | ④ | ⑤ |
| 16 | ① | ② | ③ | ④ | ⑤ |
| 17 | ① | ② | ③ | ④ | ⑤ |
| 18 | ① | ② | ③ | ④ | ⑤ |
| 19 | ① | ② | ③ | ④ | ⑤ |
| 20 | ① | ② | ③ | ④ | ⑤ |

## 상황판단영역(21~25번)

| | ① | ② | ③ | ④ | ⑤ |
|---|---|---|---|---|---|
| 21 | ① | ② | ③ | ④ | ⑤ |
| 22 | ① | ② | ③ | ④ | ⑤ |
| 23 | ① | ② | ③ | ④ | ⑤ |
| 24 | ① | ② | ③ | ④ | ⑤ |
| 25 | ① | ② | ③ | ④ | ⑤ |

# 2022 해커스 7급 PSAT 이준 상황판단 실전동형모의고사 (4회)

## 컴퓨터용 흑색사인펜만 사용

**책형**

(선)
(필)

[필적감정용 기재]

*아래 예시문을 옮겨 적으시오

본인은 OOO(응시자성명)임을 확인함

기 재 란

| 성명 | 본인 성명 기재 |
|---|---|
| 자필성명 | |
| 시험장소 | |

### 응시번호

| | | | | | | | |
|---|---|---|---|---|---|---|---|
| ⓪ | ⓪ | ⓪ | ⓪ | ⓪ | ⓪ | ⓪ | |
| ① | ① | ① | ① | ① | ① | ① | |
| ② | ② | ② | ② | ② | ② | ② | ⑤ |
| ③ | ③ | ③ | ③ | ③ | ③ | ③ | ⑥ |
| ④ | ④ | ④ | ④ | ④ | ④ | ④ | ⑦ |
| ⑤ | ⑤ | ⑤ | ⑤ | ⑤ | ⑤ | ⑤ | |
| ⑥ | ⑥ | ⑥ | ⑥ | ⑥ | ⑥ | ⑥ | |
| ⑦ | ⑦ | ⑦ | ⑦ | ⑦ | ⑦ | ⑦ | |
| ⑧ | ⑧ | ⑧ | ⑧ | ⑧ | ⑧ | ⑧ | |
| ⑨ | ⑨ | ⑨ | ⑨ | ⑨ | ⑨ | ⑨ | |

### 생년월일

| | | | | | |
|---|---|---|---|---|---|
| ⓪ | ⓪ | ⓪ | ⓪ | ⓪ | ⓪ |
| ① | ① | ① | ① | ① | ① |
| ② | | ② | ② | ② | ② |
| ③ | | ③ | ③ | ③ | ③ |
| ④ | | | ④ | ④ | ④ |
| ⑤ | | | ⑤ | ⑤ | ⑤ |
| ⑥ | | | ⑥ | ⑥ | ⑥ |
| ⑦ | | | ⑦ | ⑦ | ⑦ |
| ⑧ | | | ⑧ | ⑧ | ⑧ |
| ⑨ | | | ⑨ | ⑨ | ⑨ |

※시험감독관 서명
(성명을 정자로 기재할 것)

감독관 확인용 사용

### 상황판단영역(1~10번)

| 1 | ① ② ③ ④ ⑤ |
| 2 | ① ② ③ ④ ⑤ |
| 3 | ① ② ③ ④ ⑤ |
| 4 | ① ② ③ ④ ⑤ |
| 5 | ① ② ③ ④ ⑤ |
| 6 | ① ② ③ ④ ⑤ |
| 7 | ① ② ③ ④ ⑤ |
| 8 | ① ② ③ ④ ⑤ |
| 9 | ① ② ③ ④ ⑤ |
| 10 | ① ② ③ ④ ⑤ |

### 상황판단영역(11~20번)

| 11 | ① ② ③ ④ ⑤ |
| 12 | ① ② ③ ④ ⑤ |
| 13 | ① ② ③ ④ ⑤ |
| 14 | ① ② ③ ④ ⑤ |
| 15 | ① ② ③ ④ ⑤ |
| 16 | ① ② ③ ④ ⑤ |
| 17 | ① ② ③ ④ ⑤ |
| 18 | ① ② ③ ④ ⑤ |
| 19 | ① ② ③ ④ ⑤ |
| 20 | ① ② ③ ④ ⑤ |

### 상황판단영역(21~25번)

| 21 | ① ② ③ ④ ⑤ |
| 22 | ① ② ③ ④ ⑤ |
| 23 | ① ② ③ ④ ⑤ |
| 24 | ① ② ③ ④ ⑤ |
| 25 | ① ② ③ ④ ⑤ |

자르는 선

2022 최신판

# 해커스
# 7급 PSAT
# 이준 상황판단 실전동형모의고사

**초판 1쇄 발행 2022년 5월 6일**

| | |
|---|---|
| **지은이** | 이준 |
| **펴낸곳** | 해커스패스 |
| **펴낸이** | 해커스공무원 출판팀 |

| | |
|---|---|
| **주소** | 서울특별시 강남구 강남대로 428 해커스공무원 |
| **고객센터** | 1588-4055 |
| **교재 관련 문의** | gosi@hackerspass.com |
| | 해커스공무원 사이트(gosi.Hackers.com) 교재 Q&A 게시판 |
| | 카카오톡 플러스 친구 [해커스공무원강남역], [해커스공무원노량진] |
| **학원 강의 및 동영상강의** | gosi.Hackers.com |

| | |
|---|---|
| **ISBN** | 979-11-6880-244-5 (13320) |
| **Serial Number** | 01-01-01 |

**최단기 합격 공무원학원 1위,**
해커스공무원 gosi.Hackers.com

**해커스공무원**

· 공무원 특강, 1:1 맞춤 컨설팅, 합격수기 등 공무원 시험 합격을 위한 다양한 무료 콘텐츠

· 해커스공무원 전문 선생님의 **본 교재 인강**(교재 내 할인쿠폰 수록)

헤럴드미디어 2018 대학생 선호 브랜드 대상 '대학생이 선정한 최단기 합격 공무원학원' 부문 1위

2022 최신판

해커스
# 7급 PSAT
## 이준 상황판단
실전동형모의고사

# 약점 보완 해설집

해커스공무원

해커스
**7급 PSAT**
**이준 상황판단** 실전동형모의고사

## 약점 보완 해설집

# 제1회 실전동형모의고사

## 정답

| | | | | | | | | | | | | | | |
|---|---|---|---|---|---|---|---|---|---|---|---|---|---|---|
| 문1 | ③ | 매칭형 | 문6 | ③ | 따라계산형 | 문11 | ④ | 따라계산형 | 문16 | ② | 따라계산형 | 문21 | ⑤ | 매칭형 |
| 문2 | ② | 매칭형 | 문7 | ③ | 매칭형 | 문12 | ④ | 입장하기형 | 문17 | ③ | 매칭형 | 문22 | ③ | 따라계산형 |
| 문3 | ① | 매칭형 | 문8 | ③ | 입장하기형 | 문13 | ② | 입장하기형 | 문18 | ③ | 따라계산형 | 문23 | ② | 조작계산형 |
| 문4 | ⑤ | 매칭형 | 문9 | ④ | 입장하기형 | 문14 | ③ | 조작계산형 | 문19 | ③ | 매칭형 | 문24 | ③ | 매칭형 |
| 문5 | ③ | 따라계산형 | 문10 | ① | 입장하기형 | 문15 | ⑤ | 조작계산형 | 문20 | ④ | 매칭형 | 문25 | ① | 매칭형 |

## 취약 유형 분석표

유형별로 맞힌 개수, 틀린 문제 번호와 풀지 못한 문제 번호를 적고 나서 취약한 유형이 무엇인지 파악해 보세요.

| 유형 | 맞힌 개수 | 틀린 문제 번호 | 풀지 못한 문제 번호 |
|---|---|---|---|
| 매칭형 | /11 | | |
| 따라계산형 | /6 | | |
| 조작계산형 | /3 | | |
| 입장하기형 | /5 | | |
| TOTAL | /25 | | |

## 문1 매칭형 난이도 중     정답 ③

ㄱ. (○) 일반주간신문에 해당한다.

ㄴ. (×) 신문사업자의 계열회사이므로 자체 생산 기사가 30% 미만이어도 되지만, 주간 단위로 새로운 기사를 게재해야 한다는 요건을 충족하지 못한다.

ㄷ. (×) 정치에 국한된 사항만을 게재하기에 특수주간신문이 다룰 수 있는 특정 분야에서 정치는 제외된다.

ㄹ. (○) 문화 분야를 자체 생산하고, 매주 자체 생산 50%를 포함한 새로운 기사를 게재하기에 인터넷신문의 요건에 부합한다.

## 문2 매칭형 난이도 중     정답 ②

ㄱ. (×) 지방자치단체인 시는 도의 관할 구역 안에 둔다. 특별자치도는 도가 아니다.

ㄴ. (○) 세종특별자치시는 제1항에도 불구하고 자치구를 둘 수 없고, 제2항에도 불구하고 동을 두는 것으로 보아 구는 두지 않는다.

ㄷ. (×) 군은 정부의 직할인 광역시, 특별자치시, 도의 관할 구역 안에 둔다.

ㄹ. (×) 특별시와 광역시에는 자치구만을 둘 수 있다.

## 문3 매칭형 난이도 하     정답 ①

ㄱ. (○) 『이왕직관제』에 규정되어 있는 '왕세자'는 순종이 황태자로 지목한 영친왕을 뜻한다.

ㄴ. (○) 흥친왕의 지위는 이희(이재면)로부터 아들인 이준으로 계승되었고, 이후 의친왕의 둘째 아들인 이우로 계승되었다. 의친왕은 고종의 아들이므로 이우는 고종의 손자이다.

ㄷ. (×) 고이왕비가 왕세자에 준하는 대우를 받게 되었다.

ㄹ. (×) 대한제국 황제 순종은 친왕이 아니라 왕이 되었다.

## 문4 매칭형 난이도 중     정답 ⑤

ㄱ. (×) 두 번째 문단에 따르면, 소행성의 수가 급격히 늘어남에 따라 따로 이름을 만들지 않고 임시번호를 유지하는 경우도 많아졌다.

ㄴ. (○) I는 숫자 1과의 구분을 위해 사용되지 않고, 한 달에 두 개의 알파벳이 사용되므로 맨 마지막 알파벳인 Z는 사용되지 않는다.

ㄷ. (○) 고유번호가 가장 낮은 소행성인 '1974 FV1'이 1974년 3월 후반기에 발견된 것이므로 이전에 발견된 소행성들은 모두 고유명을 갖고 있다.

ㄹ. (×) H는 4월 하반기를 뜻한다. A1은 26번째, A2는 51번째, A3는 76번째를 의미하므로, A10은 해당 기간 중 251번째로 발견된 소행성이다.

ㅁ. (○) 꾸준한 관측으로 궤도가 확정된 소행성에는 발견한 순서대로 고유번호를 붙인다. "(1) 세레스"의 경우 고유번호가 1번이다.

## 문5 따라계산형 난이도 중     정답 ③

| 제품 | 수량 | 취득원가 | 예상판매가격 | 판매비용 | 순실현가능가치 | 재고자산의가치 | 평가손실 | 판매수익 |
|---|---|---|---|---|---|---|---|---|
| A | 500 | 8,000 | 10,000 | 3,000 | 7,000 | 7,000 | 500,000 | −500,000 |
| B | 200 | 7,500 | 10,000 | 3,000 | 7,000 | 7,000 | 100,000 | −100,000 |
| C | 100 | 6,000 | 8,000 | 1,500 | 6,500 | 6,000 | 0 | 50,000 |
| D | 400 | 5,000 | 6,000 | 1,500 | 4,500 | 4,500 | 200,000 | −200,000 |
| E | 300 | 10,000 | 13,000 | 1,000 | 12,000 | 10,000 | 0 | 600,000 |
| 계 | – | – | – | – | – | – | 800,000 | −150,000 |

ㄱ. (×) A, B, D 3종류이다.

ㄴ. (○) A가 취득원가와 재고자산의 가치의 차이가 1,000원으로 가장 크다.

ㄷ. (○) 평가손실은 800,000원이다.

ㄹ. (×) 甲은 150,000원의 손실을 볼 것이다.

## 문6 따라계산형 난이도 상     정답 ③

ㄱ. (○) 1,000원 (Yes) → 2,000원 (Yes) → 4,000원 (Yes) → 4,000원

ㄴ. (×) 1,000원 (No) → 500원 (Yes) → 750원 (No) → 525원

ㄷ. (×) B는 2,000원 (No) → 1,000원 (Yes) → 1,500원 (No) → 1,050원이고 D는 1,000원 (Yes) → 2,000원 (No) → 1,500원 (Yes) → 1,500원이다.

ㄹ. (○) No를 두 번 대답한 B와 E를 확인하면 된다.

    A: 4,000원

    B: 525원

    C: 1,000원 (No) → 500원 (Yes) → 750원 (Yes) → 750원

    D: 1,500원

    E: 1,000원 (No) → 500원 (No) → 250원 (Yes) → 250원

## 문7 매칭형 난이도 하     정답 ③

ㄱ. (×) 1, 2, 3항에 대한 동의를 각각 따로 받아야 한다.

ㄴ. (×) 이용약관과 개인정보취급방침에 대한 동의를 함께 받을 수 없다.

ㄷ. (×) 동의 절차가 없다.

ㄹ. (○) 1, 2, 3항에 대한 동의를 각각 따로 받아야 한다.

## 문 8  입장하기형  난이도 상    정답 ③

모두 다른 점수를 득점하였으므로 아래 표와 같이 득점했을 것이다. 1, 2 라운드의 점수가 바뀌어도 상관없다.

| 구분 | 1 | 2 | 3 | 4 | 5 | 6 | 합 |
|------|---|---|---|---|---|---|-----|
| A | 40 | 30 | | | | | 70 |
| B | 30 | 40 | | | | | 70 |
| C | 20 | 10 | | | | | 30 |
| D | 10 | 20 | | | | | 30 |

4라운드 종료 후 A~D가 득점가능한 점수를 계산한다.

- A: 30+30점 또는 20+40점
- B: 10+20점
- C: 30+30점 또는 20+40점
- D: 10+40점 또는 20+30점

매 라운드마다 10, 20, 30, 40점이 하나씩 있으므로 정리하면 다음과 같다. 단, A와 C의 점수는 서로 바뀔 수 있고, 3, 4라운드의 점수도 바뀔 수 있다.

| 구분 | 1 | 2 | 3 | 4 | 5 | 6 | 합 |
|------|---|---|---|---|---|---|-----|
| A | 40 | 30 | 30 | 30 | | | 130 |
| B | 30 | 40 | 10 | 20 | | | 100 |
| C | 20 | 10 | 20 | 40 | | | 90 |
| D | 10 | 20 | 40 | 10 | | | 80 |

B의 최종 득점이 180점으로 단독 선두라고 하였으므로 5, 6라운드에 40점을 두 번 얻었고, A의 최종 득점은 B보다 낮아야하므로 얻을 수 있는 최대점수는 40점이다. 정리하면 다음과 같다.

| 구분 | 1 | 2 | 3 | 4 | 5 | 6 | 합 |
|------|---|---|---|---|---|---|-----|
| A | 40 | 30 | 30 | 30 | | | |
| B | 30 | 40 | 10 | 20 | 40 | 40 | 180 |
| C | 20 | 10 | 20 | 40 | | | |
| D | 10 | 20 | 40 | 10 | | | |

ㄱ. (○) A가 얻을 수 있는 최소 점수는 20점이고, D가 얻을 수 있는 최대 점수는 60점이다. 따라서 A와 D는 득점이 같을 수 없다.

ㄴ. (○) B는 모든 점수를 최소 한 번씩은 얻었다.

ㄷ. (×) 마지막 두 라운드에서 얻는 점수에 따라 경우의 수를 나누어 생각한다.

〈경우 1〉

C가 각각 20점, 10점을 얻고 D가 각각 10점, 30점을 얻는 경우

: A는 남은 점수인 30점, 20점을 얻게 되는데, 이 경우 180점으로 B와 최종 득점이 같아진다. 따라서 B가 단독 선두가 된다는 결과와 모순된다.

〈경우 2〉

C가 각각 30점, 10점을 얻고 D가 각각 20점, 30점을 얻는 경우

: A는 남은 점수인 10점, 20점을 얻게 되고, 160점으로 2위가 된다. 따라서 B가 단독 선두가 되고, C와 D는 득점이 같아 최종 순위가 같게 된다.

## 문 9  입장하기형  난이도 중    정답 ④

E가 1위를 하려면 남은 두 경기에서 1승 1패를 하거나 2무승부를 해야 한다.

| | A | B | C | D | E | F | G | 승 | 무 | 패 | 승점 |
|---|---|---|---|---|---|---|---|----|----|----|------|
| A | | ○ | ○ | ○ | × | ○ | × | 4 | 0 | 2 | 8 |
| B | × | | △ | ○ | ○ | △ | × | 2 | 2 | 2 | 6 |
| C | × | △ | | × | × | × | ○ | 2 | 1 | 3 | 5 |
| D | × | × | × | | × | × | a | | | 5 | |
| E | ○ | × | ○ | | | b | c | 3 | 0 | 1 | 6 |
| F | × | △ | ○ | ○ | b′ | | d | 2 | 1 | | |
| G | ○ | ○ | × | a′ | c′ | d′ | | 2 | | 1 | |

ㄱ. (○) E팀이 G팀을 이겼다면 F팀은 E팀을 이긴 것이 된다. 따라서 G팀은 F팀보다 승수가 하나 모자라고 패수가 하나 많다. F팀의 경기가 한 경기 남은 상황에서 자신의 승수를 늘리고 동시에 상대방의 패수를 늘리려면 G팀은 F팀을 반드시 이겨야 한다.

ㄴ. (×) F팀이 G팀을 이겼다면 G팀은 더 이상 져서는 안 되고 F팀은 더 이상 이겨선 안 된다. 따라서 E팀은 F팀에게 이기고 G팀에게 져야 한다.

ㄷ. (○) 3승 2무 1패로 승점 8점이 되어 A와 동률이 된다.

ㄹ. (○) G팀은 F팀보다 무승부가 하나 모자라기 때문에 D팀과 반드시 비겨야 한다.

## 문 10  입장하기형  난이도 상    정답 ①

- A, B, D등급이 하나씩이므로 각 나라의 연금제도 실정을 파악할 필요 없이 A, B, D등급을 찾으면 된다.

| 국가 | 적정성 (40%) | 지속가능성 (35%) | 완전성 (25%) | 점수 |
|------|-------------|-----------------|-------------|------|
| ⓐ | 80 | 85 | 85 | 32+29.75+21.25=83 |
| ⓑ | 70 | 80 | 90 | 28+28+22.5=78.5 |
| ⓒ | 60 | 50 | 70 | 24+17.5+17.5=59 |
| ⓓ | 55 | 50 | 40 | 22+17.5+10=49.5 |
| ⓔ | 60 | 40 | 60 | 24+14+15=53 |

- ⓐ와 ⓑ 중 반영률이 높은 적정성과 지속가능성에서 더 높은 평가를 받은 ⓐ의 점수가 더 높을 것이다. ⓑ는 완전성에서 높은 평가를 받았지만 반영률이 25%밖에 되지 않는다. ⓒ가 세 번째로 높은 점수를 받았음을 계산하지 않아도 확인 가능하다. ⓓ와 ⓔ가 계산의 여지가 있지

만, ⓓ의 적정성이 더 낮고 특히 완전성에서 점수 차이가 크므로 ⓓ의 점수가 가장 낮다는 것도 어렵지 않게 알 수 있다.

정리해서 각 항목을 연결하면 다음과 같다.

甲 – 가장 점수가 높은 ⓐ

乙 – 지속가능성×0.35=완전성×0.25인 ⓒ

丙 – 두 번째로 점수가 높은 ⓑ

丁 – 가장 점수가 낮은 ⓓ

戊 – 지속가능성에서 최하 점수를 받은 ⓔ

## 문 11  따라계산형  난이도 하          정답 ④

① (○) C와 D는 甲구와 戊구에, B는 乙구 또는 丙구에 거주하면 된다.

② (○) C와 D는 甲구와 戊구에, B는 乙구 또는 丙구에 거주하면 된다.

③ (○) C와 D는 甲구와 丙구에, B는 乙구 또는 戊구에 거주하면 된다.

④ (×) 乙구에 접한 두 구가 서로 접해 있으므로 조건에 맞지 않다.

⑤ (○) C와 D는 甲구와 丙구에, B는 戊구에 거주하면 된다.

## 문 12  입장하기형  난이도 상          정답 ④

팀의 구성원비는 2:2:3이 되어야 한다. B, C가 민간투자정책팀에 들어가면 팀원이 3명이 되어 G의 요구사항을 들어줄 수 없다. 즉, B와 C는 둘만한 팀이 되거나 G와 함께 한 팀이 된다. 〈보기〉의 구성이 대부분 A에 관한 것이므로 A가 배치될 수 있는 경우의 수를 생각해 본다.

| 구분 | 재정제도 | 민간투자정책 | 회계결산 |
|---|---|---|---|
| A | | | |
| B | | × | |
| C | | × | |
| D | | × | |
| E | × | ○ | |
| F | | | × |
| G | | | |
| 계 | | | |

〈경우 1〉 A가 재정제도팀일 경우
• B와 C는 회계결산팀이 된다. 따라서 D는 재정제도팀, F는 민간투자정책팀이 된다.
• G는 재정제도팀이나 회계결산팀에 들어간다.

| 구분 | 재정제도 | 민간투자정책 | 회계결산 |
|---|---|---|---|
| A | ○ | | |
| B | | × | ○ |
| C | | × | ○ |
| D | ○ | × | |
| E | × | ○ | |
| F | | ○ | × |
| G | | | |
| 계 | | | |

〈경우 2〉 A가 회계결산팀일 경우
• B와 C는 재정제도팀이 된다. 따라서 D는 회계결산팀, F는 민간투자정책팀이 된다.
• G는 재정제도팀이나 회계결산팀에 들어간다.

| 구분 | 재정제도 | 민간투자정책 | 회계결산 |
|---|---|---|---|
| A | | | ○ |
| B | ○ | × | |
| C | ○ | × | |
| D | | × | ○ |
| E | × | ○ | |
| F | | ○ | × |
| G | | | |
| 계 | | | |

〈경우 3〉 A가 민간투자정책팀일 경우
• B와 C는 회계결산팀이 될 수 있다. B, C가 재정제도팀이 되면 F가 회계결산팀이 되어야 하는데 이는 요구사항에 위배된다.
• G는 민간투자정책팀이나 회계결산팀에 들어간다.

| 구분 | 재정제도 | 민간투자정책 | 회계결산 |
|---|---|---|---|
| A | | ○ | |
| B | | × | ○ |
| C | | × | ○ |
| D | ○ | × | |
| E | × | ○ | |
| F | ○ | | × |
| G | | | |
| 계 | | | |

따라서 〈보기〉 ㄱ, ㄷ은 반드시 옳은 것은 아님을 알 수 있다.

## 문 13 입장하기형 난이도 중 정답 ②

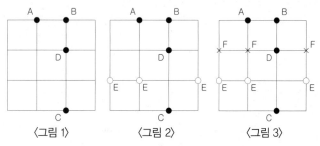

• 조건 1, 3, 4를 조합하면 〈그림 1〉과 같은 결과를 얻는다. C와 D는 남북으로 두 칸 떨어져 있고, B와 D는 남북으로 인접해 있다.
• E의 위치는 〈그림 2〉의 ○로 표시된 3곳 중 하나이다.
• F의 위치는 〈그림 3〉의 ×로 표시된 3곳 중 하나이다.

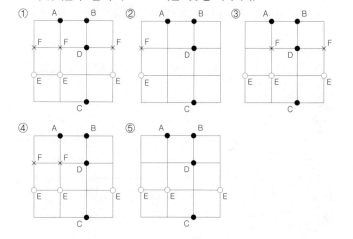

## 문 14 조작계산형 난이도 중 정답 ③

ㄱ. (○) 2001년 1월 1일, 2002년 2월 2일, …, 2012년 12월 12일로 열두 번이다.

ㄴ. (○) 100년 1월 1일~199년 1월 1일, 200년 2월 2일~299년 2월 2일, …, 1200년 12월 12일~1299년 12월 12일이므로 1,200번 있었다.

ㄷ. (×) 2101년 1월 1일이므로 88년 후이다.

ㄹ. (○) 1010년 10월 10일, 1111년 11월 11일, 1212년 12월 12일로 세 번이다.

## 문 15 조작계산형 난이도 중 정답 ⑤

현재 상태에서 각자의 점수를 계산해 보면 다음과 같다.

A: (20+15+10+25)−5=65
B: (20+20+20+20)+10−5=85
C: (20+20+25+15)=80
D: (25+25+20+20)−5+10=95
E: (20+10+15+15)+10−5+10=75

따라서 다른 지원자들의 점수를 고려할 때 A는 최소한 95점을 획득해야 국비장학생으로 선발될 수 있다. 따라서 A의 점수가 95점을 넘길 수 있는 선택지를 찾으면 된다.

① (×) 70+10=80
② (×) 80+10=90
③ (×) 70+10+10=90
④ (×) 85−5+10=90
⑤ (○) 75+10+10=95

## 문 16 따라계산형 난이도 중 정답 ②

ㄱ. (×) 본부는 시·도에 한한다.

ㄴ. (○) 특별시 14개+구 5개×25개=139개 이내로 설치되어야 하므로 140개 이상이 되어서는 안 된다.

ㄷ. (○) 국은 4개 이상의 과로 이루어져 있고, 시·도의 과는 4명 이상의 5급 사무관으로 구성된다.

ㄹ. (×) 50만 명의 90%인 45만 명 미만일 때 해당된다.

## 문 17  매칭형  난이도 하  정답 ③

- LOOK 방식은 SCAN 방식보다 무조건 이동거리가 더 짧다. 왜냐하면 트랙의 끝 번호까지 이동하지 않고 최솟(최댓)값까지만 이동하면 되기 때문이다. 따라서 C가 D보다 작은 ①은 소거된다.
- 아무런 알고리즘이나 패턴 없이 왔다갔다 해야 하는 FCFS 방식이 가장 이동거리가 멀 것이다. 따라서 ④, ⑤도 소거된다.

A. FCFS: 50 → 99 → 35 → 125 → 15 → 65 ⇒ 363
B. SSTF: 50 → 65 → 35 → 15 → 99 → 125 ⇒ 175
C. SCAN: 50 → 35 → 15 → 0 → 65 → 99 → 125 ⇒ 175
D. LOOK: 50 → 35 → 15 → 65 → 99 → 125 ⇒ 145

따라서 D<B=C<A이다.

## 문 18  따라계산형  난이도 상  정답 ③

〈표〉의 빈 칸을 채우면 다음과 같다.

| 나<br>(我) | 부 | 조부 | 증조부 | 고조부 | 본가<br>(本家) |
|---|---|---|---|---|---|
| | | | | 고조모 | |
| | | | 증조모 | 증외고조부 | 증외가 |
| | | | | 증외고조모 | |
| | | 조모 | 진외증조부 | 진외고조부 | 진외가 |
| | | | | 진외고조모 | |
| | | | 진외증조모 | 진외증외고조부 | 진외증외가 |
| | | | | 진외증외고조모 | |
| | 모 | 외조부 | 외증조부 | 외고조부 | 외가 |
| | | | | 외고조모 | |
| | | | 외증조모 | 외증외고조부 | 외증외가 |
| | | | | 외증외고조모 | |
| | | 외조모 | 외외증조부 | 외외고조부 | 외외가 |
| | | | | 외외고조모 | |
| | | | 외외증조모 | 외외증외고조부 | 외외증외가 |
| | | | | 외외증외고조모 | |

## 문 19  매칭형  난이도 중  정답 ③

ㄱ. (×) 다리부분의 용과 뚜껑 꼭대기의 봉황을 더하면 71개이다.
ㄴ. (×) 입으로 몸체를 받고 있는 용의 형상을 하고 있다.
ㄷ. (○) 뚜껑에 조각된 원숭이와 코끼리 등의 남방 동물이 그 증거이다.
ㄹ. (○) 첫 번째 문단에서 '불교를 상징하는 연꽃 모양으로 장식된 몸체'라고 하였고, 두 번째 문단에서 '도교적 형상과 이미지가 조각되어 있다.'고 하였으므로 불교와 도교사상이 복합적으로 적용되었음을 알 수 있다.

## 문 20  매칭형  난이도 중  정답 ④

| 음식<br>첩수 | 기본음식 | | | | | 반찬 | | | | | | | | | |
|---|---|---|---|---|---|---|---|---|---|---|---|---|---|---|---|
| | 밥 | 국 | 김치 | 종지 | 조치 | 생채 | 숙채 | 구이 | 조림 | 전 | 장아<br>찌 | 마른<br>반찬 | 젓갈 | 회 | 편육 |
| 3 | 1 | 1 | 1 | 1 | × | 택1 | | 택1 | | × | 택1 | | | × | × |
| 5 | 1 | 1 | 2 | 2 | 1 | 택1 | | 1 | 1 | 1 | 택1 | | | × | × |
| 7 | 1 | 1 | 2 | 3 | 2 | 1 | 1 | 1 | 1 | 1 | 택1 | | | 택1 | |
| 9 | 1 | 1 | 3 | 3 | 3 | 2 | 1 | 2 | 1 | 1 | 택1 | | | 택1 | |

① (×) 국은 반찬으로 치지 않는다.
② (×) 장아찌는 마른반찬류에 속한다. 오이무침과 더덕장아찌는 3첩 반상으로도 가능하다.
③ (×) 7첩 반상은 16개의 그릇이 필요하다.
④ (○) 조치류는 5첩 반상 이상부터 차린다.
⑤ (×) 편육과 회는 둘 중 하나만 차린다.

## 문 21  매칭형  난이도 하  정답 ⑤

ㄱ. (○) 첫 번째 문단의 '해저에서 솟아오른 오름은 성산일출봉처럼 한 면만 제주도와 연결된 모습을 띠기도 하고'에서 성산일출봉과 우도도 오름임을 알 수 있다.
ㄴ. (×) 제주도의 수성화산활동은 7,000년 전이 마지막이었다.
ㄷ. (×) 두 번째 문단에 따르면, 서귀포층의 고도가 상승해 육상의 용암 분출이 시작되면서 제주도의 지표면을 형성하였다.
ㄹ. (×) 8년간 4년에 한 번씩 재평가를 받아야 한다.

## 문 22  따라계산형  난이도 중  정답 ③

마지막 수성화산활동에 의해 송악산과 성산일출봉이 차례로 만들어졌다. 따라서 우도가 이들보다 먼저 만들어졌을 것이다. 오름을 형성 시기의 역순으로 방문한다고 하였으므로 성산일출봉 → 송악산 → 우도의 순서로 답사한다.

## 문 23  조작계산형  난이도 상  정답 ②

- 1라운드: 리그전

| 구분 | 팀 1 | 팀 2 | 팀 3 | 팀 4 |
|---|---|---|---|---|
| 팀 1 | | 경기 1 | 경기 2 | 경기 3 |
| 팀 2 | | | 경기 4 | 경기 5 |
| 팀 3 | | | | 경기 6 |
| 팀 4 | | | | |

• 2라운드: 더블 엘리미네이션 토너먼트
　　　　　(경기 3은 승자전, 경기 4는 패자전이다.)

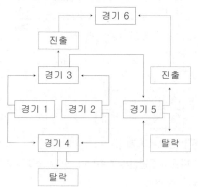

ㄱ. (○) 리그전과 더블 엘리미네이션 토너먼트의 경기 수는 같다.
ㄴ. (×) 2라운드의 1, 2위 팀이 4강에서 재대결하는 방식이었으므로, 한 팀은 결승에 오르지 못했다.
ㄷ. (○) 1라운드 6번+2라운드 6번+4강 2번+결승 1번=15번이므로 옳다.
ㄹ. (×) 1라운드, 2라운드 2번, 결승으로 총 4번이다.

## 문 24　매칭형　[난이도 하]　정답 ③

아이리스 유전자와 스몰아이 유전자는 모두 눈 조직의 발생과 관련된 유전자이다. 초파리의 다리 발생 유전자 자리에 눈 조직 발생 유전자를 이식했으므로 초파리의 다리에 초파리의 눈 조직이 발생한다.

## 문 25　매칭형　[난이도 중]　정답 ①

ㄷ. (×) 부정행위를 하는 것은 개인의 집단에 대한 공헌도와 거리가 멀고 집단에 참여하는 사람의 수가 증가하면서 개인의 가치가 저하되는 것이 아니라, 감독관의 감독능력이 약해지는 것이 원인이므로 링겔만 효과에 해당되지 않는다.
ㄹ. (×) 개인의 책임이 명확하게 드러나지 않는 환경은 맞지만, 이것이 성과에 대한 1인당 공헌도가 떨어지는 사례에 해당되지 않는다.
ㅁ. (×) 이어달리기는 달리는 순간에는 혼자가 되므로 개인의 책임이 명확하게 드러나고 개인의 가치와 연관되어 있어, 줄다리기처럼 집단에서 단체로 행동하는 것과는 성격이 다르다. 따라서 링겔만 효과에 해당되지 않는다.

# 제2회 실전동형모의고사

## 정답

p.36

| | | | | | | | | | | | | | | |
|---|---|---|---|---|---|---|---|---|---|---|---|---|---|---|
| **문 1** | ③ | 따라계산형 | **문 6** | ③ | 매칭형 | **문 11** | ③ | 입장하기형 | **문 16** | ④ | 매칭형 | **문 21** | ② | 따라계산형 |
| **문 2** | ④ | 매칭형 | **문 7** | ① | 따라계산형 | **문 12** | ② | 매칭형 | **문 17** | ③ | 매칭형 | **문 22** | ④ | 매칭형 |
| **문 3** | ③ | 따라계산형 | **문 8** | ④ | 매칭형 | **문 13** | ③ | 입장하기형 | **문 18** | ② | 매칭형 | **문 23** | ② | 따라계산형 |
| **문 4** | ① | 매칭형 | **문 9** | ④ | 따라계산형 | **문 14** | ④ | 조작계산형 | **문 19** | ② | 매칭형 | **문 24** | ② | 조작계산형 |
| **문 5** | ② | 매칭형 | **문 10** | ③ | 입장하기형 | **문 15** | ④ | 입장하기형 | **문 20** | ④ | 따라계산형 | **문 25** | ② | 매칭형 |

## 취약 유형 분석표

유형별로 맞힌 개수, 틀린 문제 번호와 풀지 못한 문제 번호를 적고 나서 취약한 유형이 무엇인지 파악해 보세요.

| 유형 | 맞힌 개수 | 틀린 문제 번호 | 풀지 못한 문제 번호 |
|---|---|---|---|
| 매칭형 | /12 | | |
| 따라계산형 | /7 | | |
| 조작계산형 | /2 | | |
| 입장하기형 | /4 | | |
| TOTAL | /25 | | |

# 해설

## 문 1  따라계산형  난이도 상       정답 ③

A. (○) 첫 번째 조문 제1호는 충족하지 않지만 제2호는 충족하므로 지역 농업협동조합의 조합원이 될 수 있다.

B. (×) 잠종 0.2상자분으로 첫 번째 조문 제3호를 충족하지 않고, 젖 먹는 새끼 돼지를 제외하고 5마리라는 [별표 1]의 기준을 충족하지 못하므로 조합원이 될 수 없다.

C. (×) 첫 번째 조문 제5호에 따르면 농지에 330제곱미터 이상의 시설을 설치하고 원예작물을 재배해야 하지만, C는 500제곱미터 농지의 절반인 250제곱미터에만 시설을 설치하여 원예작물을 재배하므로 기준을 충족하지 못한다.

D. (×) 육계와 산란계를 모두 키우므로 적어도 이들을 1마리씩은 가지고 있어야 한다. 하지만 이 둘을 합해 500마리를 가지고 있다고 하였으므로 500마리를 충족해야하는 산란계를 최대 499마리밖에 가지고 있지 못한다. 500마리이므로 육계의 기준인 1,000마리 또한 충족하지 못한다. 따라서 지역축산업협동조합의 조합원이 될 수 없다.

E. (○) 메추리의 기준은 충족하지 못하지만, 소, 양, 개를 합해 40마리를 키우고 있으므로 적어도 소, 양, 개 중 하나의 기준은 충족함을 알 수 있다.

## 문 2  매칭형  난이도 중       정답 ④

① (○) A는 규정에 의해 근로 장학금 수령이 가능하다.

② (○) B는 대한민국정부초청장학금은 대한민국정부초청학생으로 선발되면 정규학기 동안 정부로부터 등록금의 수령이 가능하다. 대한민국정부초청학생의 경우, 성적 요건은 불필요하다.

③ (○) 학부-대학원 연계 장학금은 통합과정의 경우 대학원 진학 4학기 동안 3.3/4.3 이상의 성적을 유지해야 그 다음 학기에도 수령이 가능하다. 따라서 C는 2학기에 장학금을 수령할 수 있다.

④ (×) 공무원 성적우수 장학금은 박사과정생만 해당하므로 석사과정생인 D는 공무원 성적우수 장학금을 수령할 수 없다.

⑤ (○) 외국인 전형으로 입학한 학생의 장학금 지원요건이 3.4/4.3 이상이므로 그 미만의 성적을 취득한 E는 다음 학기에 외국인특별 장학금을 받을 수 없다.

## 문 3  따라계산형  난이도 중       정답 ③

甲. (×) 1999년부터 10년간 재직한 후 퇴직하였으므로 2009년에 퇴직한 셈이다. 퇴직 후 3년이 경과하지 않아야 한다고 하였으므로 2013년 9월을 기준으로 3년이 경과한 甲은 지원할 수 없다.

乙. (○) 2012년 8월에 변호사 자격증을 취득하였으므로 자격증 요건으로 지원할 수 있다. 乙은 자격증 취득 후 로펌에 곧바로 취직하였으므로 2013년 9월 기준으로 1년 이상 경력이 있다.

丙. (○) 석사학위를 취득하였으므로 학위 요건으로 지원할 수 있고, 5년간 국제법 교수로 강의하였으므로 이것을 경력으로 인정할 수 있다. 丙이 학위 요건으로 지원한다면 퇴직 후 3년 단서가 적용되지 않으므로 응시자격 요건을 충족한다.

丁. (○) 국제통상법 전문가로 2002년부터 근무하였으므로 2013년을 기준으로 11년간 근무하였다. 또한 박사학위를 취득하였으므로 경력, 학위 요건상 丁은 지원할 수 있다.

戊. (×) 석사학위를 2010년에 취득하여 아직 4년이 지나지 않았으므로 석사학위 소지 후 4년 이상 경력은 없다. 또한 2006년부터 근무하였으므로 관련분야 10년 경력도 없다.

## 문 4  매칭형  난이도 하       정답 ①

ㄱ. (○) 청정개발체제의 내용을 통해 참임을 알 수 있다.

ㄴ. (×) 청정개발체제와 달리 공동이행제도에서는 2007년 이전 활동은 인정되지 않는다.

ㄷ. (×) 공동이행제도와 배출권거래제도의 내용을 혼합 적용한 사례이다. 그러나 공동이행제도는 선진국, 즉 부속서 Ⅰ 국가들 사이에서 적용되는 제도이고, 이 제도가 개발도상국에도 적용될 수 있는지 여부는 글을 통해서는 알 수 없다.

ㄹ. (○) 선진국의 경우, 배출권의 시장가격과 자국의 온실가스 감축비용 및 공동사업을 통한 온실가스 감축비용을 비교하여 배출권 구입여부를 결정할 것이다.

## 문 5  매칭형  난이도 중       정답 ②

ㄱ. (×) 보청기에 대한 유지관리 내용이 삭제되었다.

ㄴ. (○) A는 75세 이상의 국민기초생활보장수급자이므로 본인부담금 전액을 지원받는다.

ㄷ. (○) B는 65세 이상 74세 이하 기초노령연금수급자이다. 원안은 본인부담의 50%를 지원하지만, 수정가결안에 따르면 B는 지원대상이 아니다.

ㄹ. (×) 수정가결안에 따르면 원안에서는 지원 혜택을 받을 수 있었던 기초노령연금수급자이지만 국민기초생활보장수급자는 아닌 65세 이상 74세 이하 노인층이 대상에서 제외되었다.

## 문 6  매칭형  난이도 중    정답 ③

ㄱ. (✕) 사용연한이 정해져 있는 무형자산은 감가상각 대상이다.

ㄴ. (○) 남은 사용기간은 해가 갈수록 줄어들기 때문에 연수합계법으로 계산한 감가상각비는 자산의 수명이 다할수록 감소한다.

ㄷ. (○) 감가상각비(정액법) $= \dfrac{5억\ 원 - 5천만\ 원}{10년} = 4천\ 5백만\ 원$

ㄹ. (✕) 연간생산량은 예상생산량을 내용연수로 나눈 것이기 때문에 연간생산량과 감가상각비는 서로 반비례한다.


## 문 7  따라계산형  난이도 상    정답 ①

| 차대번호<br>차량 | 1 | 2 | 3 | 4 | 5 | 6 | 7 | 8 | 9 | 10 | 11 | 12 | 13 | 14 | 15 | 16 | 17 |
|---|---|---|---|---|---|---|---|---|---|---|---|---|---|---|---|---|---|
| 甲 | K | N | H | E | M | 4 | 4 | A | P | 1 | B | 4 | 2 | 4 | 7 | 3 | 8 |
| 乙 | K | M | H | E | L | 4 | 4 | B | R | C | U | 3 | 4 | 9 | 2 | 2 | 8 |
| 丙 | K | L | H | C | L | 5 | 2 | A | P | Y | D | 1 | 3 | 3 | 4 | 1 | 5 |
| 丁 | K | M | H | A | L | 2 | 2 | A | P | 9 | B | 3 | 2 | 6 | 7 | 3 | 4 |

ㄱ. (○) 모델연도의 경우 알파벳과 아라비아숫자 순으로 순차적으로 표시하되 I, O, Q, U, Z는 제외한다고 했으므로, 1980년부터 A를 붙여 차례대로 세어보면 2000년은 Y가 됨을 알 수 있다. 따라서 2001년은 숫자 1에 해당한다.

ㄴ. (✕) 1982년일 수도 있고 2012년일 수도 있으므로 반드시 옳은 것은 아니다.

ㄷ. (○) 3번째와 4번째 자리의 기호를 통해 丙차량은 소형 승용차임을 확인할 수 있다. 연도를 뜻하는 10번째 자리를 보면 甲차량이 1, 丙차량이 Y로 각각 2001년, 2000년에 생산되었음을 알 수 있다. 따라서 丙차량은 甲차량보다 1년 전에 생산된 소형 승용차이다.

ㄹ. (✕) 같은 공장에서 제작되었지만 甲차량이 8년 먼저 제작되었다.


## 문 8  매칭형  난이도 하    정답 ④

| 구분 | 양관 | 대 | 패옥 | 후수 | | |
|---|---|---|---|---|---|---|
| 1품 | 5 | 서대 | | | | |
| 2품 | 4 | 삽금대 | 번청옥 | 4색실 | 운학 | 금환 |
| | | 소금대 | | | | |
| 3품 | 3 | 삽은대 | | | 반조 | |
| 4품 | | 소은대 | | | | 은환 |
| 5품 | 2 | | 번백옥 | 3색실 | 연작 | |
| 6품 | | 흑각대 | | | | 동환 |
| 7~9품 | 1 | | | 2색실 | 계칙 | |

ㄱ. (✕) 양관, 대, 패옥, 후수의 색실 수, 문양, 고리 등 모든 것이 같지만, 대의 장식은 다르다.

ㄴ. (✕) 4품은 소은대를 사용했다.

ㄷ. (○) 정3품과 종3품은 대의 종류를 제외하면 동일하다.

ㄹ. (✕) 자색이 아니라 적색이다.


## 문 9  따라계산형  난이도 중    정답 ④

- 최저기초일액은 4,320×8=34,560원/일이며, 최저구직급여일액은 이에 100분의 90을 곱한 31,104원/일이다. 평균임금일액은 1,800,000/25=72,000원/일이며 통상임금일액은 85,000원/일이다.

- 세 번째 항목에 따라 평균임금일액이 통상임금일액보다 낮으므로 기초일액을 통상임금일액에 기초하여 산정하되 8만 원이 넘으므로 8만 원을 기초일액으로 한다. 이때 기초일액은 최저기초일액인 34,560원/일보다 크다.

따라서 구직급여일액은 기초일액 8만 원에 100분의 50을 곱한 4만 원이다.


## 문 10  입장하기형  난이도 상    정답 ③

주어진 〈조건〉을 정리하면 다음과 같다.

| A | 기획재정부 | 금융위원회 |
|---|---|---|
| B | 지식경제부 | 국세청 |
| C | 국토해양부 | 공정거래위원회 |
| D | 기획재정부 | |
| E | | 국세청 |
| F | 지식경제부 | |
| G | | 공정거래위원회 |
| H | 지식경제부 | |

- 5명 중 3명이 같은 선택을 했고 나머지 2명이 또 같은 선택을 했으므로, E와 G는 서로 다른 선택을 한 것이 된다. 따라서 D~H 중 지식경제부는 3명, 기획재정부는 2명이다.

- F와 H는 B와는 다른 조합이어야 한다. 따라서 지식경제부를 선택한 사람은 공정거래위원회를 선택한 것이 된다.

이에 따라 완성한 표는 다음과 같다.

| A | 기획재정부 | 금융위원회 |
|---|---|---|
| B | 지식경제부 | 국세청 |
| C | 국토해양부 | 공정거래위원회 |
| D | 기획재정부 | **국세청** |
| E | **기획재정부** | 국세청 |
| F | 지식경제부 | **공정거래위원회** |
| G | **지식경제부** | 공정거래위원회 |
| H | 지식경제부 | **공정거래위원회** |

① (✕) 공정거래위원회를 선택한 사무관은 4명이다.
② (✕) 금융위원회를 선택한 사무관은 1명이다.
③ (○) D 사무관은 국세청을 선택하였다.
④ (✕) E 사무관은 기획재정부를 선택하였다.
⑤ (✕) H 사무관은 공정거래위원회를 선택하였다.

## 문 11 입장하기형 [난이도 상] 정답 ③

- A : B의 경우 A가 3승 2패로 승리한다. A +5점(3+2), B −1점
- A : D의 경우 D가 3승 1패로 승리한다. A −2점, D +7점(3+4)
- B : C의 경우 B가 3승 0패로 승리한다. B +9(3+6)점, C −3점
- B는 한 시합에서 이기고 두 시합에서 졌으므로 D와의 시합에서 패했다.
- A의 최종점수는 10점이므로, 남은 C와의 경기에서 이겼고, 7점을 얻었다. → A가 C를 3승 1패로 이겼다. C는 2점을 감점당했다.
- C는 B와의 경기에서 −3점을, A와의 경기에서 −2점을 얻었다. C의 최종점수가 4점이라면 D와의 경기에서 9점을 얻어야 한다. → C는 3승 0패로 D를 이겼다. D는 3점을 감점당했다.
- 현재 B는 8점, D는 4점이고, B와 D의 시합에서는 D가 이겼다. D가 딸 수 있는 최대점수는 9점이고, B는 최대 3점까지 감점당할 수 있다.

| 구분 | 3승 0패 | 3승 1패 | 3승 2패 |
|---|---|---|---|
| B | −3(5) | −2(6) | −1(7) |
| D | 9(13) | 7(11) | 5(9) |

리그전 표에 의한 계산방법은 다음과 같다.

| 구분 | A | B | C | D | 최종 |
|---|---|---|---|---|---|
| A | | 3+2 | 3+4 | −2 | 10 |
| B | −1 | | 3+6 | 패 | |
| C | −2 | −3 | | 3+6 | 4 |
| D | 3+4 | 승 | −3 | | |

B의 최종점수는 8+(−1, −2, −3)이므로 7점에서 5점 사이이다.
D의 최종점수는 4+3+(2, 4, 6)이므로 9점에서 13점 사이이다.

ㄱ. (×) A의 최종점수가 D보다 낮은지는 알 수 없다.

ㄴ. (○) B가 얻을 수 있는 최소점수는 5점이므로 C보다 높다.

ㄷ. (○) C는 3승 0패로 D를 이겼다.

ㄹ. (×) D의 최종점수가 9점이 되어 A가 1위를 한다.

## 문 12 매칭형 [난이도 중] 정답 ②

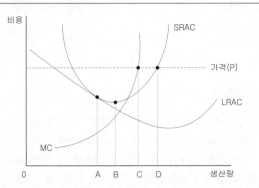

A: 장기평균비용곡선과 단기평균비용곡선이 만나는 접점 → 라에 해당한다.

B: 단기평균비용곡선의 최저점 → 다에 해당한다.

C: 한계비용과 가격이 일치하는 점 → 나에 해당한다.

D: 생산적 개념의 능력은 고정된 생산요소 하에서 손실 없이 산출할 수 있는 최대생산량을 의미한다. 마지막 문단에 따라 생산요소가 고정되어 있으므로 단기평균비용곡선을 참조한다. '손실 없이' 산출할 수 있는 최대생산량이므로 단기평균비용곡선과 가격이 일치하는 지점의 생산량이다. → 가에 해당한다.

## 문 13 입장하기형 [난이도 상] 정답 ③

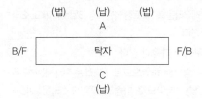

- A의 위치를 3번 또는 7번으로 고정하고 시작한다.
- C와 H는 납세지원국 소속이므로 A의 반대편에 위치한다.
- G 사무관은 2번이나 4번에 앉은 사람을 의미한다. G가 2번이든 4번이든 C의 위치는 7번이 된다. C의 한쪽 옆에는 H가, 다른 한쪽 옆에는 법무심사국 소속 사무관이 앉는다.
- 6, 7, 8번에 납세지원국 소속 사무관 2명이 앉게 되므로 납세지원국 소속인 F는 1번이나 5번에 앉아야 한다.

〈경우 1〉

〈경우 2〉

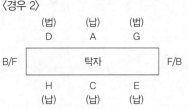

- D는 2번 또는 4번이다. 6번이나 8번에 앉을 경우 정면에 앉은 사무관이 법무심사국 소속이 된다. D의 정면에는 H가 앉고 2, 4번 중 다른 한 자리는 G가 앉는다. G의 정면에는 법무심사국 소속인 E가 앉는다.

ㄱ. (○) H 사무관의 정면에는 법무심사국 소속 사무관이 있다.

ㄴ. (○) 어느 경우에도 G 사무관과 E 사무관은 마주보고 있지 않다.

ㄷ. (×) B 사무관의 소속은 알 수 없다.

## 문 14 조작계산형 [난이도 상] 정답 ④

甲고등학교 태권도부의 성적은 3라운드 15세트 결과 세트성적 5승 3무 7패이다. 1라운드의 팀성적은 3승 0무 2패이고 3라운드의 팀성적은 무승부이다. 따라서 3라운드의 세트성적은 2승 1무 2패, 1승 3무 1패, 0승 5무 0패 세 가지 중 하나이다.

| 구분 | | 가은 | 나울 | 다솜 | 라임 | 마야 | 세트성적 | | | 팀성적 |
|---|---|---|---|---|---|---|---|---|---|---|
| | | | | | | | 승 | 무 | 패 | |
| 1라운드 | | 승 | | | | | 3 | 0 | 2 | 승 |
| 2라운드 | | 승 | | | | | 1 | 0 | 4 | 패 |
| 3라운드 | | 무 | | | | | 1 | 3 | 1 | 무 |
| 개인 성적 | 승 | 2 | 0 | 2 | 1 | 0 | 5 | | | |
| | 무 | 1 | 1 | 0 | 0 | 1 | | 3 | | |
| | 패 | 0 | 2 | 1 | 2 | 2 | | | 7 | |

- 0승 5무 0패는 가능하지 않다. 무승부를 한 번도 하지 않은 선수들이 있기 때문이다.

- 2승 1무 2패일 경우, 2라운드의 성적은 0승 2무 3패가 된다. 그런데 가은은 1, 2라운드에서 모두 이겼기 때문에 이는 옳지 않다.

따라서 甲고등학교 태권도부의 3라운드 세트성적은 1승 3무 1패이고, 2라운드 세트성적은 1승 0무 4패이다.

한편, 선수들의 개인 성적을 구하면 다음과 같다.

나울과 마야는 3라운드에서 무승부를 하였으므로 1, 2라운드에서는 모두 패했다. 2라운드 세트성적은 1승 4패이므로 다솜과 라임도 2라운드에서 패했다. 이를 정리하여 표로 나타낼 수 있다.

| 구분 | | 가은 | 나울 | 다솜 | 라임 | 마야 | 세트성적 | | | 팀성적 |
|---|---|---|---|---|---|---|---|---|---|---|
| | | | | | | | 승 | 무 | 패 | |
| 1라운드 | | 승 | 패 | | | 패 | 3 | 0 | 2 | 승 |
| 2라운드 | | 승 | 패 | 패 | 패 | 패 | 1 | 0 | 4 | 패 |
| 3라운드 | | 무 | 무 | | | 무 | 1 | 3 | 1 | 무 |
| 개인성적 | 승 | 2 | 0 | 2 | 1 | 0 | 5 | | | |
| | 무 | 1 | 1 | 0 | 0 | 1 | | 3 | | |
| | 패 | 0 | 2 | 1 | 2 | 2 | | | 7 | |

다솜은 2라운드에서 패했기 때문에 1, 3라운드에서 이겼다. 라임은 1라운드에서 이기고 3라운드에서 졌다. 따라서 나머지 표를 채울 수 있다.

| 구분 | | 가은 | 나울 | 다솜 | 라임 | 마야 | 세트성적 | | | 팀성적 |
|---|---|---|---|---|---|---|---|---|---|---|
| | | | | | | | 승 | 무 | 패 | |
| 1라운드 | | 승 | 패 | 승 | 승 | 패 | 3 | 0 | 2 | 승 |
| 2라운드 | | 승 | 패 | 패 | 패 | 패 | 1 | 0 | 4 | 패 |
| 3라운드 | | 무 | 무 | 승 | 패 | 무 | 1 | 3 | 1 | 무 |
| 개인성적 | 승 | 2 | 0 | 2 | 1 | 0 | 5 | | | |
| | 무 | 1 | 1 | 0 | 0 | 1 | | 3 | | |
| | 패 | 0 | 2 | 1 | 2 | 2 | | | 7 | |

## 문 15 입장하기형 <난이도 상> 정답 ④

흰색 동전을 꺼낸 사람은 두 번의 기회를 가진다. 흰색 이외의 동전을 꺼내야 다음 사람의 순서가 온다. 따라서 4번째 사람이 동전을 꺼내면 지갑 안에 있는 동전을 모두 꺼내게 된다. 게임은 A → B → C → C로 끝난다.

ㄱ. (×) 붉은색 동전을 검은색보다 먼저 꺼내야 검은색 동전이 테이블에 남아있을 것이다. 즉, A가 붉은색 동전을 꺼내고, 이후 B와 C가 검은색 동전을 꺼내어 테이블 위에 올려놓은 것이다. 흰색 동전은 A나 B가 가질 수 있다. C는 푸른색 동전을 가진다. 따라서 ㄱ은 항상 옳은 것은 아니다.

ㄴ. (○) 흰색 동전의 소유자가 푸른색 동전을 꺼내야만 테이블 위에 올려질 수 있다. 따라서 흰색 동전은 모두 C의 소유였다. 게다가 흰색 동전이 테이블 위로 나오기 전에 검은색 동전은 모두 붉은색 동전의 소유자에게 회수되어야 하는데, 붉은색 동전 또한 C가 세 번째 순서에 뽑아야만 테이블에서 모두 회수될 수 있다. 그렇다면 C가 마지막 차례에 뽑은 푸른색 동전으로 검은색 동전이 모두 테이블 위로 나와야 한다. 따라서 ㄴ은 항상 옳다.

ㄷ. (×) 항상 옳은 것은 아니다.

ㄹ. (○) 게임은 A → B → C → C로 끝나므로 맨 마지막에 동전을 꺼낸 사람은 C이다.

## 문 16 매칭형 <난이도 하> 정답 ④

규정을 〈상황〉에 대입하여 적용하는 단계를 넘어, 〈상황〉에 맞게 규정을 바꾸는 역방향의 추론 문제이다. 먼저 현재 규정에 따랐을 때 적용되지 않는 범죄자를 찾은 후 그들이 포함되도록 하는 개정 내용을 찾아야 한다.

- 강XX는 7세 아동을 납치하였고 징역 5년형을 선고받았으므로 제1호, 제2호, 제4호에 모두 해당한다.
- 조XX는 폭행을 동반한 강간을 하였으나 피해자가 28세 여성이므로 제3호에 해당하지 않으며, 형량도 2년 6개월에 불과하므로 신상공개 대상이 아니다.
- 이XX는 피의자가 17세로 미성년자이므로 단서에 걸려 신상공개 대상이 아니다.
- 박XX는 피해자를 미행하여 강간하였고, 문제에서 미수범 역시 성폭력 범죄를 저지른 것으로 본다고 되어있으므로 제4호에 해당한다.
- 김XX는 4차례 강간하였으므로 제5호에 해당한다.

따라서 현재의 규정에서는 조XX와 이XX가 신상공개 대상이 아니므로, 이 두 명에 대해 신상공개가 적용되도록 규정을 개정해야 한다. 이XX는 미성년자 공개제외 단서가 있는 한 어떤 경우에도 신상공개가 불가능하므로 ㉠은 반드시 개정되어야 한다. 또한 조XX는 제1호의 연령제한을 삭제하면 곧바로 신상공개 대상이 되므로 1호도 반드시 개정되어야 한다. 물론 형량 조건을 개정하여 신상공개를 할 수도 있지만, ㉢과 같이 4년을 3년으로 개정하는 것은 조XX와 이XX를 공개하기 위해서 필요하지는 않다.

따라서 ㉡, ㉢, ㉣, ㉤은 개정할 필요가 없다.

또한 앞선 풀이 방법과 반대로, 법률 조항을 보면서 그 법률 조항이 변경됨으로 인해 기존에 그 조항에 적용되지 않다가 적용되는 사람을 찾는 방법으로도 풀이가 가능하다.

- 먼저 ㉠과 관련된 이XX가 신상공개되기 위해 ㉠은 반드시 삭제되어야 하므로 ㉠은 반드시 개정이 필요하다. 따라서 정답은 ③, ④, ⑤로 좁혀진다.
- ㉡은 13세 미만과 15세 미만 사이의 피해자가 존재하는지로 판단하는데, 존재하지 않으므로 개정사항으로 반드시 필요하지 않다. 따라서 정답은 ③, ④로 좁혀진다.
- ㉢의 경우 징역 3년에서 4년 사이를 선고받은 사람이 있는지로 판단하는데, 존재하지 않으므로 반드시 필요하지 않은 개정사항이다. 따라서 정답은 ④가 된다.

## 문 17 매칭형 <난이도 중> 정답 ③

ㄱ. (○) 석회 결정층이 형성되지 않은 것으로 보아 그러하다.

ㄴ. (○) 석회가 마르면서 부온 프레스코와 같이 석회 결정층이 나타났다.

ㄷ. (○) 접착제를 사용하였다는 것은 세코 프레스코 기법이라는 뜻인데, 乙연구팀의 연구 결과는 세코 프레스코 기법으로 그렸다 하더라도 시간이 지나면서 접착제가 용해·제거되고 부온 프레스코 기법의 효과가 나타날 수도 있음을 보여준다.

ㄹ. (×) 부온 프레스코 기법이 아니더라도 내알칼리성 안료는 사용할 수 있다.

## 문 18 매칭형 난이도 하 정답 ②

① (○) 단어를 기억에서 인출할 때 단어의 세 번째 문자보다는 첫 번째 문자를 사용하는 것이 더 쉽기 때문에 사례 c와 같은 편향을 보이는 것으로서 인출용이성과 관련이 있다.

② (✕) 기본적으로 남아의 출생확률은 50%일 것이다. 표본의 크기가 클수록 확률적인 수치에 더 가까워질 것이고 그렇다면 매일 더 많은 아기가 태어나는 큰 병원에서 50%에 가까운 날이 더 많을 것이고, 60%를 초과하는 날은 작은 병원보다 더 적을 것이다. 그럼에도 불구하고 표본의 크기를 무시한 채 판단을 내리는 이러한 편향을 '표본크기 둔감'이라고 한다. 이는 글에서 제시되지 않은 편향 유형이다. 따라서 기저율 둔감과는 관련이 없는 사례이다. 기저율 둔감에 대한 예시로는 '어떤 검사에서 양성 판정을 받았을 때, 검사의 정확성이나 질병의 발병 확률 등의 기저율은 고려하지 않은 채 그와 관련된 질병에 걸렸을 것이라 확신하고 불안해 하는 경우'가 있다.

③ (○) 이전에 딸을 낳은 사실은 이번에 태어날 아이가 아들일 확률과는 아무런 관련이 없고, 우연으로 보이는 '딸만 태어나는 상황'이 가능함에도 아들의 출생을 확률적으로 기대하는 '우연에 대한 오해'의 사례이다.

④ (○) 끔찍한 사망사건들은 언론매체에 많이 오르내리기 때문에 자동차 사고, 총기사건, 불법적 마약사용에 의한 사망이 더 빈번하리라고 잘못 인식하는 것으로 '회상용이성'에 대한 사례이다.

⑤ (○) UN회원국 중 아프리카 나라들이 차지하는 비율과 처음에 무작위로 뽑은 카드의 숫자는 아무런 관계가 없음에도 평균적으로 카드의 숫자에서 크게 벗어나지 않는 수치를 말하고 있다는 점은, 카드의 숫자가 기준점으로 작용했음을 보여준다.

### ⏱ 빠른 문제 풀이 Tip

이런 유형의 문제는 글과 〈사례〉의 각 항목을 먼저 대응시키려고 하면 시간이 오래 걸리고 헷갈릴 수 있다. 선택지에 제시된 대응관계를 따라 정오를 판단하는 것이 수월하게 답을 찾는 방법이다.

## 문 19 매칭형 난이도 중 정답 ②

ㄱ. (○) 선거운동기간은 선거기간 23일에서 선거일을 뺀 22일이다.

ㄴ. (✕) 대통령선거의 선거일은 항상 수요일이고, 선거기간은 23일간이다. 여기서 선거일을 제하면 선거기간은 22일이 된다. 따라서 선거기간이 시작되는 요일은 3주＋하루 전인 화요일이고, 후보등록마감일은 선거기간이 시작되기 하루 전인 월요일이다.

ㄷ. (✕) 국회의원선거의 선거기간은 선거일 당일을 포함하여 14일이다. 즉, 선거기간의 시작은 선거일인 수요일의 2주 전 목요일부터이다. 선거기간의 시작일은 후보등록마감일 후 6일째 되는 날이다. 즉, 후보등록마감일은 금요일이다.

ㄹ. (○) 지방자치단체장의 선거는 임기만료일 전 30일 이후 첫 번째 수요일이다. 따라서 임기만료일 29일 전～23일 전에 선거를 하는 것이 원칙이나, 그 날이 민속절 또는 공휴일인 때에는 그 다음 주로 미뤄진다.

※ 2012년 제19대 국회의원선거 (2012.4.11.)

| 일 | 월 | 화 | 수 | 목 | 금 | 토 |
|---|---|---|---|---|---|---|
|  |  |  | 3/21 | 22 | 23<br>후보등록<br>마감 | 24 |
| 25 | 26 | 27 | 28 | 29<br>선거기간<br>시작<br>(후보등록<br>마감일 후<br>6일) | 30 | 31 |
| 4/1 | 2 | 3 | 4 | 5 | 6 | 7 |
| 8 | 9 | 10 | 11<br>국회의원<br>선거일 |  |  |  |

※ 2012년 제18대 대통령선거 (2012.12.19.)

| 일 | 월 | 화 | 수 | 목 | 금 | 토 |
|---|---|---|---|---|---|---|
| 11/18 | 19 | 20 | 21 | 22 | 23 | 24 |
| 25 | 26<br>후보등록<br>마감 | 27<br>선거기간<br>시작 | 28 | 29 | 30 | 12/1 |
| 2 | 3 | 4 | 5 | 6 | 7 | 8 |
| 9 | 10 | 11 | 12 | 13 | 14 | 15 |
| 16 | 17 | 18 | 19<br>대통령<br>선거일 |  |  |  |

### ⏱ 빠른 문제 풀이 Tip

ㄷ. 규정상 어느 한 요일로 확정되기 때문에, 후보등록마감일을 계산해 보지 않더라도 옳지 않음을 알 수 있다.

## 문 20 따라계산형 난이도 중 정답 ④

• 대통령의 임기만료일은 항상 2월 24일이다. 2013년 2월 24일은 일요일이므로, 임기만료일전 70일은 같은 요일인 월요일, 즉 2012년 12월 19일 수요일의 이틀 전인 2012년 12월 17일이다. 따라서 임기만료일 전 70일은 항상 12월 17일이다. 따라서 ①은 제외된다.

• 365일은 52주＋1일이므로 2013년 12월 17일은 화요일, 2014년 12월 17일은 수요일, 2015년 12월 17일은 목요일이다. 2016년은 윤년이므로 2016년의 12월 17일은 토요일이고, 2017년 12월 17일은 일요일이다. 따라서 甲국의 2017년 대통령선거는 12월 17일 일요일 이후 첫 번째 수요일인 12월 20일 수요일이다.

## 문 21 따라계산형 난이도 **상** 정답 ②

이러한 유형의 문제는 주어진 자료를 정확히 이해하는 것이 문제풀이의 핵심이다. 자료만 정확히 이해하면 진위를 가리는 것은 어렵지 않다.

ㄱ. (×) B국과 E국이 동맹을 맺더라도 A국과 D국은 전쟁을 하지 않는다.

ㄴ. (○) B국은 C국의 석유를 D국의 우회무역을 통해 소비할 수 있다.

ㄷ. (○) A국은 B국과의 전쟁을 통해 B국의 재화를 소비할 수 없는데, B국 재화인 쌀과 생선은 각각 D국과 C국에서도 생산하고 있으므로 A국은 모든 재화를 소비할 수 있다.

ㄹ. (×) C국과 D국이 전쟁을 벌이면 A국은 D국으로부터 쌀을 수입할 수 없고 B국 쌀도 수입할 수 없으므로 쌀을 소비할 방법이 없다. 그러나 철강은 여전히 E국으로부터 수입하여 소비할 수 있다. E국은 동맹관계를 통하여 D국과 전쟁할 것이나 이는 A국과는 관계가 없다.

## 문 22 매칭형 난이도 **하** 정답 ④

규정을 〈상황〉에 적용하여 행정상 필요한 조치를 추론하는 유형의 문제이다.

① (×) 공기업 甲의 기관장은 기관장 평가에서 B 등급을 받았으므로 해임 건의/경고 조치 모두 받지 않는다.

② (×) 공기업 乙의 기관장은 기관 평가에서 D 등급을 받았으므로 성과급이 지급되지 않으나, 丙의 기관장은 기관 평가에서 C 등급을 받았으므로 성과급이 지급될 수 있다.

③ (×) 공기업 丙의 기관장은 해임 건의가 아닌 경고 조치를 받을 것이다.

④ (○) 공기업 丙의 직원들은 성과급이 지급되나, 공기업 甲의 직원들은 성과급이 지급되지 않으므로 丙의 직원들이 더 많은 성과급을 받는 것이 맞다.

⑤ (×) 공기업 甲의 직원들은 기관 평가에서 E 등급을 받았으므로 성과급이 지급되지 않는다.

## 문 23 따라계산형 난이도 **상** 정답 ②

• A: (×) 가계소득 430만 원으로 소득 기준 8분위이다. 소득 기준을 만족하지 못하므로 지원 자격에서 탈락한다.

• B: (○) 소득 기준, 성적 기준을 만족한다. 소득 기준 2분위로 1순위이다.

• C: (×) 소득 기준, 성적 기준을 만족한다. 소득 기준 5분위로 2순위이다.

• D: (×) 직전학기 평균 성적이 D+로 성적 기준을 만족하지 못하므로 지원 자격에서 탈락한다.

• E: (×) 소득 기준, 성적 기준을 만족한다. 소득 기준 3분위로 1순위이다.

B와 E가 1순위인데, '동일 순위 내에서는 학자금 연체자, 다자녀 가구 학생, 기혼학생, 부모 중 한 분이 장애인·중증환자인 가계의 학생, 등록금 실 납부담액이 많은 학생 등을 우선 선발'한다는 기준 하에서 등록금 실 납부액은 동일하나 B의 경우 학자금이 연체되어 있으므로 우선 선발된다.

## 문 24 조작계산형 난이도 **상** 정답 ②

〈상황 1〉

• 스터디실 기준: 6명이므로 10인실을 이용해야 한다. 3시간을 이용하므로 56,000원이다.

• 인원수 기준: 6명이 3시간을 이용하므로 48,000원이다.

〈상황 2〉

• 스터디실 기준: 3명이므로 4인실을 이용한다. 3시간 예약을 했으므로 26,000원인데, 화요일이므로 스터디실 기준 금액에서 10% 추가 할인이 가능하다. 따라서 2,600원이 할인된 23,400원이다.

• 인원수 기준: 3명이 3시간을 이용하므로 24,000원이다.

따라서 최소 이용요금의 합계는 71,400원이다.

## 문 25 매칭형 난이도 **하** 정답 ②

ㄱ. (○) 1968년 이 연구에서 조사대상은 1만 7,000명이고 심장병이 없는 사람은 1만 6,936명이므로 심장병이 있는 것으로 파악된 사람은 64명이다.

ㄴ. (×) 운동량이 '적은' 군이 64%라는 것은 심장마비 증세를 경험한 사람 중에서 차지하는 비율이 64%라는 의미이다. 따라서 운동량이 많은 군에서 심장마비 발생률이 높거나 낮을 것이라는 주장은 불가능하다.

ㄷ. (○) 인과관계를 부정하고, 제3의 요인이 존재할 수 있음을 주장할 수 있다.

ㄹ. (×) 운동량이 '적은' 군에 포함된 사람 수가 1만 2,000명인 경우, 운동량이 적을수록 심장마비 발병률이 낮아짐을 지지하는 근거가 될 수 있다.

# 제3회 실전동형모의고사

## 정답

p.56

| 문1 | ⑤ | 매칭형 | 문6 | ③ | 입장하기형 | 문11 | ⑤ | 입장하기형 | 문16 | ② | 매칭형 | 문21 | ① | 매칭형 |
|---|---|---|---|---|---|---|---|---|---|---|---|---|---|---|
| 문2 | ② | 입장하기형 | 문7 | ① | 따라계산형 | 문12 | ④ | 따라계산형 | 문17 | ③ | 매칭형 | 문22 | ④ | 입장하기형 |
| 문3 | ① | 매칭형 | 문8 | ① | 따라계산형 | 문13 | ② | 매칭형 | 문18 | ③ | 매칭형 | 문23 | ③ | 매칭형 |
| 문4 | ③ | 매칭형 | 문9 | ⑤ | 조작계산형 | 문14 | ④ | 따라계산형 | 문19 | ⑤ | 매칭형 | 문24 | ③ | 입장하기형 |
| 문5 | ③ | 입장하기형 | 문10 | ② | 매칭형 | 문15 | ① | 매칭형 | 문20 | ① | 따라계산형 | 문25 | ④ | 매칭형 |

## 취약 유형 분석표

유형별로 맞힌 개수, 틀린 문제 번호와 풀지 못한 문제 번호를 적고 나서 취약한 유형이 무엇인지 파악해 보세요.

| 유형 | 맞힌 개수 | 틀린 문제 번호 | 풀지 못한 문제 번호 |
|---|---|---|---|
| 매칭형 | /13 | | |
| 따라계산형 | /5 | | |
| 조작계산형 | /1 | | |
| 입장하기형 | /6 | | |
| TOTAL | /25 | | |

# 해설

## 문1 매칭형 <난이도 중> 정답 ⑤

① (×) 재외공무원이 개인적인 사유로 일시귀국하고자 할 때에는 공관장에게 허가를 받아야 한다.

② (×) 재외공무원이 공무에 필요한 이유로 일시귀국하고자 할 때에는 공관장이 아닌 외교통상부장관의 허가를 받아야 한다.

③ (×) 공관장의 배우자가 공무 외의 사유로 일시귀국하려는 경우에는 외교통상부장관에게 신고해야 한다.

④ (×) 직계존속의 사망으로 일시귀국한 경우에는 이를 일시귀국의 횟수 및 기간에 산입하지 아니하므로, 그 외의 사유가 다시 발생한 경우에는 연 1회 20일 이내로 일시귀국할 수 있다.

⑤ (○) 제5항의 규정에 의해 외교통상부장관의 허가를 받는다면 연 1회 또는 20일을 초과하여 공무 외의 목적으로 일시귀국할 수 있음을 알 수 있다.

## 문2 입장하기형 <난이도 상> 정답 ②

• 첫 번째 사실과 네 번째 사실을 통해 A, B가 교수가 아님을 알 수 있다.

• 첫 번째, 다섯 번째, 여섯 번째 사실을 통해 A, B는 경찰관이 아님을 알 수 있으므로 A, B는 의사와 강사 중 하나이다.

• 세 번째 사실과 일곱 번째 사실을 통해 C는 경찰관이 될 수 없음이 도출되어 C가 교수, D가 경찰관임을 알 수 있다.

• 두 번째 사실과 여섯 번째 사실을 통해 A와 D가 면식이 있는 사이임을 알 수 있으므로 A는 의사, B는 강사임을 확인 가능하다.

따라서 A는 의사, B는 강사, C는 교수, D는 경찰관이다.

## 문3 매칭형 <난이도 상> 정답 ①

ㄱ. (○) 적혈구는 세포핵이 없다.

ㄴ. (×) 헤모글로빈은 세포가 아니다.

ㄷ. (○) 단핵백혈구는 무과립백혈구로 로마노프스키 혈액 염색액의 중성, 산성, 염기성 성분과 선택적으로 결합하는 특수 과립을 가지고 있지 않다.

ㄹ. (×) 혈액 속의 세포 용적률은 남성의 경우 46%라고 하였으므로 세포가 아닌 다른 것, 즉 혈장의 용적률은 54%일 것이다. 세포질은 세포의 구성요소이며, 이에 대해서는 글에 나와 있지 않다.

## 문4 매칭형 <난이도 하> 정답 ③

가, 다, 바는 각각 재정지원 일자리 확충, 청년친화적 일자리 창출, 베이비붐 세대 경력 활용 일자리 확대에 관한 내용으로 '일자리 확충'과 연결된다. 나, 라, 마는 각각 취업성공패키지 훈련수당 인상, 실업급여 및 사회보험료 지원대상 확대, 긴급고용안정지원 강화에 관한 내용으로 이는 기존에 있는 일자리를 찾아가거나 보험을 확충하는 내용이므로 '일자리 안전망 강화'와 연결된다.

## 문5 입장하기형 <난이도 상> 정답 ③

• 먼저 딸은 엄마와 함께 여행을 가야하므로 딸과 엄마는 태국과 케냐 중 한 곳에 가야 한다는 것을 알 수 있다.

• 케냐는 4인 가족 모두 여행 시 할인 혜택이 있으므로 이를 먼저 살펴본다. 이때 필요한 마일리지는 6만×4(4인 가족 왕복)+2만(아빠 비즈니스석 승급)−8만(할인 혜택)=18만임을 알 수 있다. 선택지 ②에서 필요 마일리지가 16만이라고 주어져 있으므로 ②는 소거된다.

• 남은 네 경우 모두 아빠는 비즈니스석으로 승급해야 하고, 엄마와 딸은 태국으로 여행을 가므로 아빠와 아들의 조합 중 가장 최소 비용이 드는 경우를 찾으면 된다. 이때 아빠와 아들 모두 일본에 가는 것이 가장 저렴하다.

따라서 아빠와 아들은 일본에 가고, 엄마와 딸은 태국에 가는 경우 필요 마일리지는 3만×2(아빠,아들)+4만×2(엄마, 딸)+2만(아빠 비즈니스 승급)=16만이다.

## 문6 입장하기형 <난이도 상> 정답 ③

제시된 내용을 표로 정리하면 다음과 같다.

| 귀무가설 (㉠) | 대립가설 (㉡) | ㉣ (다) |
|---|---|---|
| 기각하고자 하는 가설 (검정의 대상) | 채택하고자 하는 가설 | 귀무가설이 옳은데도 귀무가설을 기각 |
| 나. 하얀 고양이의 양쪽 눈 색깔은 같다. | 가. 하얀 고양이의 양쪽 눈 색깔은 다르다. | 마. 양쪽 눈 색깔이 다른 하얀 고양이는 매우 드물다. |

- 먼저 서류심사에서 컴퓨터 활용능력이 3급이면서 한국사능력검정시험이 60점 미만인 지원자는 戊뿐이므로 戊는 채용될 수 없다. 여성 지원자는 乙과 戊 인데 戊가 채용될 수 없으므로 乙이 채용된다.
- 다음으로 전문직무능력 평가에서는 일일이 평균을 내기보다는 합산점수를 비교하는 것이 빠른 방법이다. 그런데 甲, 丙, 丁 중에서 丙은 경제학 점수가 50점 미만이므로 채용될 수 없다. 따라서 甲과 丁의 총점만을 비교하면 甲은 215점, 丁은 205점이다. 이때 토익 점수는 두 사람 모두 800점 이상이므로 가산점 유무는 고려할 필요가 없다. 따라서 남성 지원자 중에서는 총점이 더 큰 甲이 채용된다.

- ㄱ. (○) A, D, E는 순환고리를 형성하고 있으므로 이들 세 마을 중 한 마을에 투표장이 설치되면 다른 두 마을이 이를 이용할 수 있다. 또한 B와 C, F와 G는 각각 한 곳의 투표장이 반드시 필요하다. 이러한 전제 하에 수용 가능 유권자 수를 고려하여 가능한 최소한의 투표장의 개수를 구하면 3개가 된다.

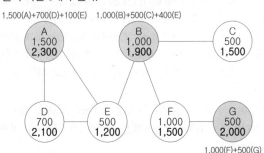

- ㄴ. (○) 투표장의 설치 개수를 최소로 할 경우, 투표장을 설치할 수 있는 방법은 2가지이다. ㄱ의 예시에서 G 대신 F에 투표장을 설치해도 된다. 따라서 (A, B, F), (A, B, G)가 가능하므로 방법은 2가지이다.
- ㄷ. (×) 3개의 투표장 (A, B, F)만으로도 가능하다.
- ㄹ. (×) 최소의 개수라는 조건이 없으므로 (A, C, D, G)에 4개의 투표장을 설치한다면 B에 투표장이 설치되지 않아도 된다.

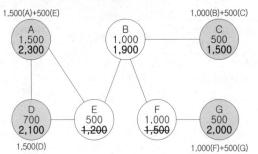

- ㄱ. (○) 7인의 당직 일정이 예외 없이 순서대로 이루어진다고 하였으므로 빈칸의 일정을 모두 채울 수 있다. 즉 7월 14일 오전까지 7명의 직원이 한 번씩 모두 근무를 한 것이 되므로 7월 6일 오전에 근무를 한 사람이 7월 14일 오후에 당직 근무를 할 것이다. 이러한 방식으로 근무일지를 모두 채울 경우 다음과 같다.

| 구분 \ 일 | 6 | 7 | 13 | 14 | 20 | 21 | 27 | 28 |
|---|---|---|---|---|---|---|---|---|
| 오전 | C | F | A | B | G | E | D | C |
| 오후 | G | E | D | C | F | A | B | G |

따라서 A와 D는 같은 날인 7월 13일에 당직 근무를 한다.

- ㄴ. (×) 한 달 중 당직을 서야하는 주말은 8～10일 존재한다. 이때 7일 동안 모든 직원이 두 번씩 근무를 하고 추가적인 근무가 필요한 1～3일 동안 직원은 2～6명이 필요하다. 왜냐하면 하루에 근무자는 두 명이 필요하기 때문이다. 따라서 당직 근무를 세 번 하는 직원은 반드시 짝수 명이 존재한다. 직접 구해볼 경우, 8월에는 토요일과 일요일이 총 9회 있으므로 4명의 직원이 3회의 근무를 한다.
- ㄷ. (○) 주어진 근무일지에서 7월 7일이 일요일이므로 7월 1일이 월요일임을 쉽게 알 수 있다. 따라서 6월 30일이 일요일, 6월 29일이 토요일임을 알 수 있다. 즉, 6월 29일은 7월 21일과 동일한 일정으로 당직 근무가 이루어진다. 왜냐하면 7월 6일이 7월 28일과 동일한 일정이므로, 6월 30일은 7월 27일, 6월 29일은 7월 21일과 대응되기 때문이다. 즉, E와 A는 2019년 6월 29일에 당직 근무를 하였다.
- ㄹ. (○) 같은 방법으로 2019년 6월의 다섯 번째 일요일은 6월 30일임을 유추할 수 있다. 따라서 6월의 다섯 번째 일요일의 당직 근무 일정은 2019년 7월의 네 번째 토요일, 즉 7월 27일의 당직 근무 일정과 동일하다.

- ㄱ. (×) 반정치적 무관심은 개인의 사상이 정치와 반대되어 발생하는 것이므로 집권세력의 사상과는 무관하다.
- ㄴ. (×) A국에서는 정치적 정보 자체가 차단되어 있으므로 현대형 무관심은 나타나기 어려울 것이다.
- ㄷ. (○) A국의 정치 개혁 실패가 거듭된다면 국민들의 기대나 욕구가 더욱 좌절되므로 탈정치적 무관심이 심화될 것이다.
- ㄹ. (×) 현대형 무관심은 대중이 정치의 주체가 되고 많은 정치적 정보를 가지고 있음에도 불구하고, 일상생활에 치여 관심 자체가 이미 정치에서 떠난 경우를 말한다. 따라서, 정치적 정보가 많아진다는 이유만으로 반드시 현대형 무관심이 나타날 것이라고 볼 수는 없다.

## 문 11  입장하기형  난이도 중    정답 ⑤

甲은 각 자리마다 1개의 막대가 고장 났다는 사실을 알고 있다. 따라서 두 번의 시간을 확인하여 7개 중 6개 이상의 막대에 불이 들어오도록, 즉 검게 표시되도록 하면 고장 난 막대를 확정할 수 있다. 예컨대, 7개의 막대에 모두 불이 들어오는 숫자 8이 甲이 확인한 시간에 포함되어 있다면 7개 중 고장 난 막대를 바로 알 수 있다. 6개의 막대에 불이 들어오는 숫자가 甲이 확인한 시간에 포함되어 있다면 6개의 막대 중 하나가 올바르게 켜지지 않으면 그것이 고장 난 것임을 알 수 있고, 모든 6개의 막대가 제대로 표시되면 나머지 1개가 고장 난 것임을 알 수 있으므로 이를 확인해 본다.

우선 7개의 막대에 아래와 같이 번호를 붙인다.

이때 각 숫자를 표시하면 불이 들어오는 막대는 다음과 같다.

| 구분 | a | b | c | d | f | g | h |
|---|---|---|---|---|---|---|---|
| 0 | | | | | | | |
| 1 | | | | | | | |
| 2 | | | | | | | |
| 3 | | | | | | | |
| 4 | | | | | | | |
| 5 | | | | | | | |
| 6 | | | | | | | |
| 7 | | | | | | | |
| 8 | | | | | | | |
| 9 | | | | | | | |

고장이 난 막대를 확정할 수 없으려면 두 개의 숫자를 확인하고도 6개 미만의 막대에만 불이 들어와야 한다. 그러한 경우를 확인해 보면 1과 3, 1과 4, 1과 7, 4와 7의 조합뿐이다. 따라서 상기의 조합이 들어 있지 않은 것은 ⑤이다.

## 문 12  따라계산형  난이도 상    정답 ④

- 첫 번째 〈정보〉에 의해 한 곡이 작곡된 해인 1775, 1779, 1782년에는 「바이올린 소나타」, 「파리」, 「돈 조반니」는 올 수 없다.
- 두 번째 〈정보〉에 의해 1779, 1782, 1787년에는 「바이올린 협주곡 제5번」이 올 수 없다.
- 세 번째 〈정보〉에 의해 「파리」는 1778년, 「대관식 미사」는 1779년임을 알 수 있다.
- 두 번째 〈정보〉에 의해 「바이올린 협주곡 제5번」이 올 수 있는 연도는 1775, 1778년이고 「플루트 협주곡」은 1779년에 올 수 없으므로 결국 두 협주곡은 각각 1775년, 1778년에 작곡된 것임을 알 수 있다.
- 다섯 번째 〈정보〉로 인해 「바이올린 협주곡 제5번」은 1787년에 올 수 없으므로 1775년에 작곡되었으며 「현악 5중주곡 g단조」는 1787년에 작곡된 것임을 알 수 있다. 이로 인해 「플루트 협주곡」은 1778년에 작곡한 것이 된다.

| 구분 | 1775 | 1778 | 1779 | 1782 | 1787 |
|---|---|---|---|---|---|
| 바이올린 소나타 | × | | × | × | |
| 바이올린 협주곡 제5번 | ○ | × | × | × | × |
| 파리 | × | ○ | × | | |
| 대관식 미사 | × | × | ○ | × | × |
| 플루트 협주곡 | × | ○ | | | × |
| 돈 조반니 | × | | × | × | |
| 현악 5중주곡 g단조 | × | × | × | × | ○ |
| 후궁으로부터의 도주 | × | | × | | |
| 곡 수 | 1 | 3 | 1 | 1 | 2 |

다섯 번째 〈정보〉까지 표로 나타내면 1782년에는 「후궁으로부터의 도주」가 작곡되었음을 알 수 있다.

| 구분 | 1775 | 1778 | 1779 | 1782 | 1787 |
|---|---|---|---|---|---|
| 바이올린 소나타 | × | | × | × | |
| 바이올린 협주곡 제5번 | ○ | × | × | × | × |
| 파리 | × | ○ | × | | |
| 대관식 미사 | × | × | ○ | × | × |
| 플루트 협주곡 | × | ○ | | | × |
| 돈 조반니 | × | | × | × | |
| 현악 5중주곡 g단조 | × | × | × | × | ○ |
| 후궁으로부터의 도주 | × | × | × | ○ | × |
| 곡 수 | 1 | 3 | 1 | 1 | 2 |

④에서 바이올린으로 연주하는 곡은 두 시기에 연달아서 작곡되었다고 했으므로 「바이올린 소나타」가 1778년에 작곡되었음을 알 수 있고, 그러면 「돈 조반니」는 1787년에 작곡된 것이 된다. ①, ②, ③, ⑤의 경우 기존 〈정보〉로 구한 내용에 지나지 않는다.

## 문 13  매칭형  난이도 하    정답 ②

제시된 상황을 정리하면 다음과 같다.

- 원택지는 그 숫자가 매우 미미하므로 대세에 영향을 미치지 못한다.
- 노전 및 상전과 마전에서 양인과 노비의 차이는 없으며 남녀의 차이가 2배라는 점이 중요하다.
- 노전은 실제로 2배를 지급하였다는 것을 주의한다.
- ①~④의 가정은 인원수가 4명으로 똑같고, ⑤의 가정은 남성 1명에 소 3마리이다.
- ①~②의 가정은 마전을 지급 받고, ③~⑤의 가정은 상전을 지급받는다.

마전을 지급받는 ①, ②를 비교하고 상전을 지급받는 ③~⑤를 비교한 후, 각각의 경우에 더 많은 토지를 받는 두 가정을 골라서 한 번 더 비교하는 순서가 효율적일 것이다. 또한, 남녀 인원수의 차이 등을 고려하여 계산을 적게 하고도 비교가 가능함을 이용할 수도 있다.

〈경우 1〉 마전을 받는 경우
①과 ②를 비교하면, ①은 남성 2명 여성 2명, ②는 남성 3명 여성 1명이고 그 외의 다른 조건은 같으므로 ②가 더 많은 토지를 지급받는다.

〈경우 2〉 상전을 받는 경우
- ③과 ④를 비교하면, ③은 남성 1명 여성 3명, ④는 남성 2명 여성 2명이고, 다른 조건은 동일하므로 ④가 더 많은 토지를 지급받는다.
- ④와 ⑤를 비교하면, ④는 남성 2명 여성 2명, ⑤는 남성 1명 소 3마리이다. 노전은 2배를 지급받는다는 것을 유의하여 계산을 하면, 남성은 100무, 여성은 50무, 소는 60무를 받는다. 따라서 ④는 300무, ⑤는 280무를 받게 되므로 ④가 더 많이 받는다.
- ②와 ④를 비교하면, 상전과 마전의 차이보다 남녀의 차이가 더 크므로 ②가 가장 많은 토지를 받는다는 것을 알 수 있다.

> ⏱ **빠른 문제 풀이 Tip**
> 이 문제는 비교적 다양한 접근이 가능하다. 위의 풀이처럼 계산을 거의 하지 않는 방법으로도 접근할 수 있지만, 계산이 빠르고 정확한 경우 계산 방법을 사용해도 수치가 단순하기 때문에 빠른 풀이가 가능하다. 다만, '노전은 2배' 등 제시된 조건을 놓치지 않도록 주의해야 한다.

| 구분 | 노전(×2) | | 상전 | 마전 | 원택지 | 합계 |
|---|---|---|---|---|---|---|
| 甲 | 80+40 | 240 | • | 20+10 | 1 | 271 |
| 乙 | 120+20 | 280 | • | 30+5 | 1 | 316 |
| 丙 | 40+60 | 200 | 20+30 | • | 1 | 251 |
| 丁 | 80+40 | 240 | 40+20 | • | 1 | 301 |
| 戊 | 40+90 | 260 | 20 | • | • | 280 |

또한 기본적인 계산을 미리 해두고 판단해도 쉽게 풀이가 가능하다.

| 남성 | 상전지역 | 40×2+20 | 100 |
|---|---|---|---|
| | 마전지역 | 40×2+10 | 90 |
| 여성 | 상전지역 | 20×2+10 | 50 |
| | 마전지역 | 20×2+5 | 45 |
| 경우 | | 30×2 | 60 |

## 문 14 따라계산형 난이도 중 정답 ④

ㄱ. (○) 촬상 소자의 감도는 소자가 빛에 감응하여 빛을 기록하는 속도를 수치로 나타낸 값이다. 촬상 소자의 감도가 낮으면 감도가 높은 경우에 비해 어두운 사진을 얻게 되지만, 이는 셔터 속도를 느리게 하여 소자가 빛에 노출되는 시간을 늘리거나 조리개를 많이 열어 소자에 도달하는 단위시간 당 빛의 양을 늘리는 방법으로 보완할 수 있으므로 옳은 추론이다.

ㄴ. (×) 세 번째 문단에 따르면, 셔터 속도는 셔터막이 개방되어 있는 시간을 나타낸다. 셔터막이 개방되는 시간이 길수록 더 많은 양의 빛이 촬상 소자에 도달한다. 즉, 셔터 속도가 빨라지면 촬상 소자에 도달하는 빛의 양은 줄어든다. 마지막 문단의 내용을 오해하여 ㄴ에 잘못 적용하지 않도록 주의한다.

ㄷ. (○) ISO값이 높은 경우와 F값이 작은 경우 모두 촬상 소자가 단위시간당 받는 빛의 양이 늘어나므로 어두운 무대의 촬영에 유리해진다. 또한 움직이는 물체의 정지 동작을 촬영하기 위해서는 셔터 속도가 빨라야 한다.

ㄹ. (○) F값이 작아지면 촬상 소자에 도달하는 빛의 양은 많아진다. F값은 (렌즈의 초점거리 [f])/(조리개 직경)으로 계산되므로, 렌즈의 초점거리를 짧게 하여 분자를 작게하거나 조리개의 직경을 크게 하여 분모를 크게하면 촬상 소자에 도달하는 빛의 양을 늘릴 수 있다.

## 문 15 매칭형 난이도 하 정답 ①

ㄱ. (○) 신문 광고시장은 구독자와 광고주의 거래를 중재하는 장소가 될 수 있으므로 양면시장 사업모형에 부합하는 예가 된다.

ㄴ. (○) 가입자와 가맹점 사이의 거래를 중재하고, 양 측의 거래가 가능하도록 하는 역할을 하므로 양면시장 사업모형에 부합하는 예가 된다.

ㄷ. (×) 단순히 수강생들을 유치하기 위한 홍보전략을 펴고 있으므로 일면시장의 예에 해당한다.

ㄹ. (○) N 결혼정보회사는 남성 가입자에 대한 높은 시장점유율을 가지고 있기 때문에 여성 가입자에 대한 가격 지배력을 높일 수 있다. 따라서 이는 양면시장 사업모형에 부합하는 예가 된다.

ㅁ. (×) W 통신사는 보완성이 강한 두 서비스를 제공하지만 두 고객 간 거래를 중재하거나 거래 발생 장소를 제공하는 것이 아니므로 양면시장의 예로 적절하지 않다.

## 문 16 매칭형 난이도 하 정답 ②

ⓐ '꿈꾸는 과학자들의 쉼터' – 항공우주공학이라는 학술분야의 전공자 및 전문가가 관련 분야에 대해 논의하는 온라인 사회이므로 기술 정예주의자에 해당한다.

ⓑ '○○○를 사랑하는 모임' – 오프라인에서의 ○○○의 지지층을 확보하기 위한 온라인 사회이므로 민주적 동원세력에 해당한다.

ⓒ '△△△에게 진실을 요구합니다' – 허위사실을 유포하고 여론을 조작하므로 대중 조작과 지배를 꾀하는 세력에 해당한다.

ⓓ '위키피디아' – 전 세계 모든 사용자에게 정보를 개방하고 정보의 업로드와 메시지 송신을 자유롭게 하도록 하므로 공동체주의자에 해당한다.

ⓔ 'DSLR쟁이' – 사진 촬영이라는 동일한 취미생활을 공유하는 집단이므로 비슷한 취향을 가진 집단에 해당한다.

## 문17 매칭형 난이도 중     정답 ③

ㄱ. (×) 과제난이도와 능력, 운은 서로 더하기 관계이다. 따라서 능력 요소가 0이더라도 과제난이도가 쉽거나 운이 좋으면 가능성은 높아진다. 또한, 행동의 발생은 의도와 투여라는 요소도 관계되므로 과제난이도와 능력만으로 행동의 발생 가능성(여부)을 추론할 수 없다.

ㄴ. (○) 의도, 투입, 가능성은 곱하기 관계이다. 따라서 성공 가능성이 매우 높다고 판단되면 의도나 투여가 0이 아닌 한 행동이 발생될 수 있다.

ㄷ. (○) 고시공부를 시작, 즉 행동이 발생했다는 것은 의도, 투입, 가능성이 모두 0이 아니었다는 것을 말한다. 따라서 합격 가능성, 즉 성공 가능성이 전혀 없지는 않다고 판단한 것으로 추론할 수 있다.

ㄹ. (×) 제시된 H의 이론으로는 행위의 성공 가능성이 의도에 영향을 준다고는 볼 근거가 없다. 상식으로 판단하면 안 되는 〈보기〉이다.

ㅁ. (○) 환경적 힘인 과제난이도 및 운이 0이더라도 개인적 힘인 능력이 매우 크다면 가능성도 커질 수 있다. 세 요소는 더하기 관계이기 때문이다. 또한 의도와 투여 역시 개인적 힘이므로, 결국 환경적 힘이 없어도 개인적 힘의 요소만으로 의도, 투여, 성공 가능성을 모두 크게 하여 행동이 발생할 수 있다.

## 문18 매칭형 난이도 상     정답 ③

甲, 乙, 丙의 혈액형을 구분법에 따라 정리하면 다음과 같다.

| 구분 | Rh식 | MN식 | E식 | S식 |
|---|---|---|---|---|
| 甲 | + | M | E | Se |
| 乙 | − | MN | e | se |
| 丙 | − | N or MN | E | se |

③ (×) N응집원은 N형과 MN형인 사람의 혈구에 있으므로, M응집원에 대한 정보 없이는 丙의 혈액형이 N형인지 MN형인지 알 수 없다.

## 문19 매칭형 난이도 중     정답 ⑤

① (○) 경상도 지방은 경창에서 가장 멀다고 했고, 경창에서 먼 곳은 5월까지 운송을 완료해야 하므로 옳은 추론이다.

② (○) 해난사고가 발생하여 조곡이 유실된 것이 아니라, 단순히 운송이 지연된 상황이다. 따라서 기한 내 출범 여부를 볼 필요가 없이 '소정의 조운기간 내에 운송을 완료하지 못한' 상황이므로 선원들에게 배상의 책임을 부과한다.

③ (○) 첫 번째 문단과 두 번째 문단에서 조운은 매년 1회 진행하고, 보통 2~3개월이 소요되며, 2월에 시작하여 5월까지 마쳤다고 했으므로 세 번째 문단에 제시된 조운선의 제원만을 고려하여 계산하면 된다. $10 \times 1,000 \times 6 + 200 \times (20 + 21) = 68,200$이므로 옳은 추론이다.

④ (○) 첫 번째 문단에서 중앙에서 파견된 관리가 사무를 관장하였고, 색전(色典)이라는 향리의 업무 중 세곡을 거두는 일이 있었다는 것에서 추론할 수 있는 내용이다.

⑤ (×) 글을 통해서는 덕흥창과 흥원창이 내륙 강가에 설치되었다는 것과 담당하는 운송량이 각각 4,000석, 4,200석이라는 것만 알 수 있다. 다른 고려해야 할 조건들도 제시되어 있지 않지만, 무엇보다 운송비를 알 수 없으므로 잘못된 추론이다.

## 문20 따라계산형 난이도 상     정답 ①

문맥상 Ⓐ 조창은 '경창과 가깝더라도 운송비가 비싼 조창'인 것으로 유추할 수 있다. 따라서 제시된 6개의 조창 중 상대적으로 거리가 가까우면서 단위 거리당 운송비가 다른 곳에 비해 비싼 곳은 '안란창'이다.

주어진 표를 바탕으로 1km당 운송비를 계산하면 다음과 같다.

| 조창명 | 위치 | 경창까지의 거리 | 운송비 | 1km당 운송비 |
|---|---|---|---|---|
| 안란창 | 서해도 | 300km | 520석 | 약 1.7석 |
| 하양창 | 양광도 | 190km | 160석 | 약 0.8석 |
| 장흥창 | 전라도 | 450km | 550석 | 약 1.2석 |
| 해룡창 | 전라도 | 630km | 880석 | 약 1.4석 |
| 통양창 | 경상도 | 720km | 1,050석 | 약 1.46석 |
| 석두창 | 경상도 | 800km | 1,200석 | 1.5석 |

## 문21 매칭형 난이도 하     정답 ①

〈기록〉의 내용을 표로 정리하면 다음과 같다.

| 조건<br>기록 | 습도 | 온도 | 가격 | 수요 | 재배여부 |
|---|---|---|---|---|---|
| (가) | ○ | × | ○ | × | A: ○, B: × |
| (나) | ○ | × | × | ○ | A: ×, B: ○ |
| (다) | × | ○ | × | × | A: ×, B: × |

• A: (가)를 통해 A는 4가지 기준 중 습도나 가격에 영향을 받음을 알 수 있다. 즉, 습도∩가격, 습도, 가격 세 가지 경우가 가능하다. (나)에서 재배하지 않은 것을 보아 습도∩가격, 습도, 가격 세 가지 경우 중 습도만 영향을 받는 경우를 제거할 수 있다. (다)를 통해서 가격만 영향을 받는 경우를 제거함으로써 결국 A는 습도와 가격 모두에 영향을 받는다는 것을 알 수 있다.

• B: (나)를 통해 B는 4가지 기준 중 습도나 수요에 영향을 받음을 알 수 있다. 즉, 습도∩수요, 습도, 수요 세 가지 경우가 가능하다. (가)에서 재배하지 않은 것으로 보아, 습도만 영향을 받는 경우를 제거할 수 있다. (다)를 통해서는 정보를 더 얻을 수 없다. 결국 B는 습도∩수요, 수요 중 하나의 경우에 영향을 받는다는 것을 알 수 있으나 정확한 정보는 얻을 수 없다. 두 가지 경우 모두 수요가 ×라면 재배하지 않음을 알 수 있다.

올해의 상황으로 보면 습도 ○, 온도 ○, 가격 ○, 수요 ×이다. 따라서 A는 재배할 것이고 B는 재배하지 않을 것이다.

## 문 22 입장하기형 난이도 상 정답 ④

처음 1순위 투표 상황을 보면 戊가 10표로 최소 득표자가 된다. 따라서 戊는 탈락하고, E집단의 10표를 丁에게 준다. 丁은 40표를 얻어 이번에는 丙이 20표로 최소득표자가 된다. 같은 방식으로 丙이 탈락하면, D집단의 20표를 乙에게 분배한다. 이에 따라 乙은 60표, 甲은 50표, 丁은 40표를 얻어 丁이 세 번째로 탈락한다. 이 시점에서 丁을 1순위로 지지하는 C집단과 E집단의 40표는 모두 甲에게 분배된다. 따라서 甲은 90표, 乙은 60표를 얻어 과반수 득표자로서 甲이 당선자로 확정된다.

① (○) 丙이 두 번째로 탈락한다.

② (○) 戊 후보가 출마하지 않는 상황은 여론조사 결과에서 戊를 제외하였을 때의 투표를 생각해 보면 된다. 이는 이양투표제에서 戊가 탈락하였을 때 이후의 상황과 동일하므로 옳은 선택지이다.

③ (○) 乙 후보가 출마하지 않으면 선호 순서에서 乙을 모두 삭제한 후 투표를 생각해 보면 된다. 앞에서와 같은 방식으로 추론하면 戊와 丁이 차례로 탈락하여 갑이 동일하게 90표를 얻고 당선된다.

④ (×) 乙이 가장 마지막까지 탈락하지 않으므로 B집단의 표는 단 한 번도 재분배되지 않는다.

⑤ (○) 甲이 최종 당선자이다.

## 문 23 매칭형 난이도 중 정답 ③

주어진 〈조건〉에 따라 작품의 소개 순서를 찾으면 다음과 같다.

〈조건 1〉
화가의 국적과 현재 작품이 소장되어 있는 나라가 동일한 작품은 절규, 1808년 5월 3일, 가을의 리듬이다. 작품의 크기 순으로 연이어 소개되었으므로 '절규-1808년 5월 3일-가을의 리듬' 순으로 연속하여 소개되었음을 알 수 있다.

〈조건 2〉
그림에 사람이 그려진 작품은 절규, 모나리자, 1808년 5월 3일이다. 〈조건 1〉에서 '절규-1808년 5월 3일-가을의 리듬'으로 순서가 정해졌으므로 모나리자는 절규의 앞에 소개되어야 한다. 따라서 '모나리자-절규-1808년 5월 3일-가을의 리듬' 순으로 연속하여 소개되었음을 알 수 있다.

〈조건 3〉
그림의 재질과 그림을 그린 도구가 모두 동일한 것은 캔버스에 유화로 그려진 해바라기, 1808년 5월 3일, 가을의 리듬이다. 따라서 현재까지 순서가 정해지지 않은 해바라기를 가장 마지막에 소개하면 된다.

즉, '모나리자-절규-1808년 5월 3일-가을의 리듬-해바라기' 순으로 소개되었음을 알 수 있다.

① (×) 뭉크의 작품인 절규는 두 번째로 소개되었다.

② (×) 1800년대의 작품은 절규, 해바라기, 1808년 5월 3일인데 이들은 연달아 소개되지 않았다.

③ (○) 가장 최근에 그려진 작품은 가을의 리듬으로 이 작품은 스페인 화가의 작품인 1808년 5월 3일보다 나중에 소개되었다.

④ (×) 독일에서 볼 수 있는 작품은 해바라기로 세 번째로 소개된 작품이 아니다.

⑤ (×) 작가가 미처 완성하지 못한 작품은 모나리자로 이것은 마지막으로 소개된 작품이 아니다.

## 문 24 입장하기형 난이도 상 정답 ③

서울, 부산, 대전, 광주, 제주에 각각 세 명씩 갔으며, 각 사람은 각각 세 군데의 도시에 갔다. 글의 내용을 표로 정리하면 다음과 같다.

| 구분 | A | B | C | D | E |
|---|---|---|---|---|---|
| 서울 |  | 서울 또는 부산 ○ | ○ |  | X |
| 부산 | ○ |  |  |  |  |
| 대전 | X |  |  |  |  |
| 광주 | ○ | X |  | ○ |  |
| 제주 |  |  | ○ |  |  |

광주 외의 나머지 4곳에서, A가 간 곳은 D는 가지 않았고, D가 간 곳은 A가 가지 않았음을 알 수 있다. 따라서 D는 부산에는 가지 않았으며, 대전에는 갔음을 알 수 있다.

| 구분 | A | B | C | D | E |
|---|---|---|---|---|---|
| 서울 |  | 서울 또는 부산 ○ | ○ |  | X |
| 부산 | ○ |  |  | X |  |
| 대전 | X |  |  | ○ |  |
| 광주 | ○ | X |  | ○ |  |
| 제주 |  |  | ○ |  |  |

마찬가지로 서울과 제주에는 A 또는 D가 각각 가게 된다. 그런데 서울의 경우, A 또는 D 중 한 사람만 가고, C는 갔으며 E는 가지 않았는데 총 3명이 방문했어야 하므로, B가 서울에 갔고 부산에는 가지 않았음을 알 수 있다. 따라서 B는 서울, 대전, 제주에 갔다. 또한 제주의 경우에도 A 또는 D가 갔으므로 E는 제주에 가지 않았음을 알 수 있다. 나머지 표 빈칸을 각 사람당 3개의 도시에 갔으며 각 도시당 3명의 사람이 갔다는 조건에 따라 채우면 다음과 같다.

| 구분 | A | B | C | D | E |
|---|---|---|---|---|---|
| 서울 |  | ○ | ○ |  | X |
| 부산 | ○ | X | ○ | X | ○ |
| 대전 | X | ○ | X | ○ | ○ |
| 광주 | ○ | X | X | ○ |  |
| 제주 |  | ○ | ○ |  | X |

① (×) 서울에 A가 갔는지 D가 갔는지 알 수 없다.

② (×) 부산에는 A, C, E가 갔다.

③ (○) 대전에 갔던 사람은 B, D, E이다.

④ (×) 광주에 갔던 사람은 A, D, E이다.

⑤ (×) 제주에 A가 갔는지 D가 갔는지 알 수 없다.

ㄱ. (○) 라면 관련 사례는 이윤증대를 위해 가격을 고정시키는 가격고정에 해당한다. Z 식품회사의 담합 이탈은 개별 회사의 이윤증대 목적에서 하는 행위일 뿐, 이탈행위가 이전 담합행위를 담합이 아닌 것으로 만들어 주지는 않는다.

ㄴ. (×) 각 금융회사는 상품에 대한 수요 및 수익성을 고려하여 독자적으로 CD금리를 책정하였고, 금리가 일치하는 것은 우연일 뿐이므로 기업 간 담합에 해당하지 않는다.

ㄷ. (○) 건설사들이 상의 하에 입찰가격을 부풀린 것은 담합의 사례에 해당한다.

ㄹ. (×) 계열사 내부의 이익을 극대화하기 위해 내부 거래 가격을 조정하는 행위는 동일하거나 유사한 재화를 생산하는 기업이 가격을 고정시키는 전략이 아니므로 담합행위에 해당하지 않는다.

ㅁ. (○) OPEC의 석유 생산 쿼터는 산출량을 제한하여 이익을 증대시키는 담합의 사례에 해당한다.

# 제4회 실전동형모의고사

## 정답

p.72

| 문1 | ③ | 매칭형 | 문6 | ① | 입장하기형 | 문11 | ③ | 따라계산형 | 문16 | ⑤ | 따라계산형 | 문21 | ④ | 따라계산형 |
|------|---|-------|------|---|-----------|-------|---|-----------|-------|---|-----------|-------|---|-----------|
| 문2 | ⑤ | 매칭형 | 문7 | ② | 조작계산형 | 문12 | ② | 매칭형 | 문17 | ② | 매칭형 | 문22 | ② | 매칭형 |
| 문3 | ④ | 매칭형 | 문8 | ③ | 매칭형 | 문13 | ③ | 매칭형 | 문18 | ⑤ | 매칭형 | 문23 | ③ | 조작계산형 |
| 문4 | ④ | 따라계산형 | 문9 | ④ | 매칭형 | 문14 | ② | 매칭형 | 문19 | ③ | 매칭형 | 문24 | ② | 매칭형 |
| 문5 | ① | 따라계산형 | 문10 | ③ | 매칭형 | 문15 | ② | 매칭형 | 문20 | ④ | 매칭형 | 문25 | ③ | 따라계산형 |

## 취약 유형 분석표

유형별로 맞힌 개수, 틀린 문제 번호와 풀지 못한 문제 번호를 적고 나서 취약한 유형이 무엇인지 파악해 보세요.

| 유형 | 맞힌 개수 | 틀린 문제 번호 | 풀지 못한 문제 번호 |
|------|-----------|----------------|---------------------|
| 매칭형 | /16 | | |
| 따라계산형 | /6 | | |
| 조작계산형 | /2 | | |
| 입장하기형 | /1 | | |
| TOTAL | /25 | | |

# 해설

## 문1 매칭형 <난이도 중> 정답 ③

ㄱ. (×) 무형문화재 기능보유자가 제조한 주류가 면세 대상이고 제조를 위해 원료로 수입한 재료는 면세 대상이 아니다.

ㄴ. (○) 우리나라에 주둔하는 외국 군대에 납품하는 경우로 면세 대상이다.

ㄷ. (○) 수출하는 주류는 면세 대상이다.

ㄹ. (×) 종교 단체에 일반용으로 판매한 경우는 면세 대상이 아니다.

## 문2 매칭형 <난이도 상> 정답 ⑤

ㄱ. (×) 최우선 협상 분야는 양국 모두에게 이익이 되는 서비스 분야이다.

ㄴ. (○) A국은 C국과 B국간의 FTA 내용을 활용하여 금융 분야의 개방을 막고자 할 것이다.

ㄷ. (×) 협상전략의 원칙상 A국과 B국은 제3국보다 더 높은 수준의 개방을 하지 않는다. 따라서 이익이 된다 하여도 제3국이 개방하고 있지 않은 분야는 개방할 수 없다.

ㄹ. (○) 서비스 분야를 제외한 농업 분야, 금융 분야의 개방은 FTA 협정의 내용에 포함되지 않는다.

## 문3 매칭형 <난이도 중> 정답 ④

ㄱ. (○) 헌법 제107조 제1항과 헌법재판소법 제 41조 제1항의 법률을 의회가 제정한 형식적 의미의 법률로 보는 경우 헌법은 그 심사의 대상에서 제외된다.

ㄴ. (×) 사회구성원이 합의한 공감대 가치와 시대 사상을 반영한 헌법에 위반되는 헌법조문은 허용되지 않는다는 것은 이를 심사할 수 있다고 보는 입장을 지지하는 근거에 가깝다고 보아야 할 것이다.

ㄷ. (×) 헌법 제 107조 제1항의 '법률'에 헌법이 포함되는 경우 헌법재판소의 심사가 가능하게 된다.

ㄹ. (○) 헌법의 개별 규정을 헌법재판소법 제68조 제1항 소정의 공권력 행사의 결과라고 볼 수 없으므로 그 판단의 대상이 되지 못한다.

ㅁ. (○) 헌법의 특정 규정이 다른 규정의 효력을 전면 부인할 수 있는 근거가 되거나 헌법조문간의 효력상 차등을 인정하기 어렵다. 즉, 헌법재판소 판단의 근거가 되는 헌법이 헌법조문의 심사의 근거가 되지 못한다.

## 문4 따라계산형 <난이도 중> 정답 ④

총보조금의 크기를 100이라고 할 때, 조항에 따라 배분되는 비율은 다음과 같다.

| 구분 | 1항 | 2항 | 3항 전단 | 3항 후단 | 합 |
|------|-----|-----|---------|---------|-----|
| A | 21 | 5 | 6.3 | 4.5 | 36.8 |
| B | 20 | 5 | 6 | 4.5 | 35.5 |
| C | 9 | 5 | 2.7 | 1.2 | 17.9 |
| D | – | 5 | 2.4 | 1.2 | 8.6 |
| E | – | – | 0.6 | 0.6 | 1.2 |

## 문5 따라계산형 <난이도 중> 정답 ①

ㄱ. (○) 첫 번째 제시금액이 1,000원일 때 '아니오 – 아니오'가 1명 있으므로 500원 미만의 가치로 응답한 사람이 존재한다.

ㄴ. (×) '예 – 예'라고 응답한 사람들 가운데 지불의사액이 상당히 높은 사람도 존재할 가능성이 있다. 예를 들어, 첫 번째 제시금액이 8,000원이었을 때 '예 – 예'라고 대답한 사람은 적어도 16,000원의 지불 용의를 가지는 것이고 그 이상의 지불 용의를 가질 수도 있는 것이다.

ㄷ. (×) 4,000원 미만의 지불 용의를 나타낸 사람은 적어도 6+1+1+4+4+7+6+8+14=51명이다. 따라서 4,000원 이상으로 생각하는 사람은 그렇지 않은 사람보다 많을 수 없다.

ㄹ. (×) 첫 번째 제시금액이 8,000원일 때 '아니오 – 아니오'라고 대답한 사람들과, 첫 번째 제시금액이 16,000원일 때 '아니오 – 아니오'라고 대답한 사람 중에서 이 재화의 가치를 2,000원 미만으로 생각하는 사람이 있을지 없을지 알 수 없다. 따라서 27명이라고 단정적으로 말할 수 없다.

## 문6 입장하기형 <난이도 상> 정답 ①

글의 내용을 하나씩 적용시키면 아래 표와 같이 구할 수 있다. 확정된 내용부터 적용하는 것이 좋다.

| 구분 | 가은 | 나영 | 다나 | 라라 |
|------|------|------|------|------|
| 핸드폰 색깔 | 흰색 | 검은색 | 회색 | 붉은색 |
| 핸드폰 기종 | 애니콜 | 사이언 | 모토로라 | 스카이 |
| 좋아하는 게임 | 프로야구 | 그림찾기 | 테트리스 | 퀴즈퀴즈 |

## 문 7 조작계산형 [난이도 상] 정답 ②

ㄱ. (○) 한 국가의 경우 다른 세 나라의 국가와 홈 앤 어웨이로 경기를 치르므로 여섯 번의 경기를 치르게 된다. A조의 총 경기 수는 일단 홈 앤 어웨이를 고려하지 않았을 때 $_4C_2$=6경기를 치르게 되고, 이 경기가 각각 홈 앤 어웨이로 치러지므로 총 12경기를 치르게 된다.

ㄴ. (✕) 사우디아라비아가 2승 4무라고 할 경우, 한국과의 경기에서 생각해 볼 때 한국의 전적이 5승 1무이므로, 1무를 사우디와의 경기에서 기록했다고 하더라도 나머지 1경기는 한국이 승리해야 한다. 따라서 사우디는 반드시 한 경기 이상의 패배를 기록하여야 하므로 따라서 2승 4무는 될 수 없다.

ㄷ. (○) 최종 전적에서 승과 패의 수는 같아야 하고, 무승부는 양팀에 동시에 기록되기 때문에 무승부의 수는 짝수만이 가능하다. 따라서 사우디아라비아가 기록할 수 있는 최종 성적은 3승 2무 1패나, 4승 2패가 가능하다. 3승 2무 1패를 기록할 경우 승점 11점을 얻을 수 있다. 이를 수학적으로 풀면 다음과 같다.
사우디아라비아의 승, 무, 패 수를 각각 a, b, c라고 하자.
경기 수가 6이므로 a+b+c=6이고, 모든 나라의 승리 횟수와 패배 횟수는 같아야 하므로 5+1+a=4+c+40이다. 두 식에서 a를 소거하면 2c+b=4이고, 이를 만족하는 (b, c)는 (4, 0), (2, 1), (0, 2)이다. 이때 ㄴ에 따라 (4, 0)은 불가능하고 최종 승점이 11점이 될 수 있다.

ㄹ. (✕) 대한민국이 사우디아라비아와의 원정에서 무승부를 거두었다면 나머지 경기는 모두 승리하여야 한다. 따라서 카타르는 대한민국과의 원정경기에서 패할 수밖에 없다. 즉, 대한민국은 카타르와의 홈경기에서 승리할 수밖에 없다.

## 문 8 매칭형 [난이도 중] 정답 ③

① (✕) 감사원 청사는 옥외집회 및 시위의 금지 장소에 해당하지 않는다.
② (✕) 甲은 적어도 △△△△년 1월 30일 13시까지는 집회신고를 하여야 한다.
③ (○) 甲이 가능한 늦게 1월 30일 13시에 집회신고를 하였다 하더라도 신고서 보완에 필요한 36시간(24+12)을 더하면 △△△△년 2월 1일 1시가 된다.
④ (✕) 국회의장 공관은 100미터 이내에서 옥외집회가 금지된다.
⑤ (✕) 어떠한 경우에도 옥외집회 시작 12시 전에는 신고서의 보완이 이루어진다.

## 문 9 매칭형 [난이도 중] 정답 ④

① (✕) 공양왕 시절 안찰사는 예하사무기구로서 경력사가 있었다.
② (✕) 고려시대에 병마사가 안찰사와 병렬적인 위치였으나 병마사가 좀 더 높은 위치였다고 할 수 있다.
③ (✕) 행대는 병마사를 도와 사무를 처리하는 직위였다.
④ (○) 고려 말 안찰사는 자신의 부임지에서 1년의 임기를 갖기 때문에 그 지역의 사계절을 모두 경험할 수 있었을 것이다.
⑤ (✕) 행대는 병마사를 돕는 위치이다.

## 문 10 매칭형 [난이도 중] 정답 ③

ㄱ. (○) 첫 번째 문단에서 항성들은 모두 은하의 질량중심을 따라 공전하고 있다고 하였으므로 옳다.

ㄴ. (✕) 두 번째 문단에서 나선 은하는 원반형 구조를 가지며 이는 일반적 형태로 분류된다고 하였다.

ㄷ. (✕) 마지막 문단에서 많은 은하들의 중심에 초대질량 블랙홀이 존재할 수 있다고 하였으나, 초대질량 블랙홀이 초은하단의 중심에 있는지는 알 수 없다.

ㄹ. (○) 은하 질량의 90%는 암흑 물질이고, 은하가 모여 은하단이 되며 은하단이 모여 초은하단 구조가 되므로 초은하단의 질량의 90%는 암흑 물질일 것이다.

## 문 11 따라계산형 [난이도 중] 정답 ③

甲: 조용한 돼지는 맨날 잠잔다
乙: 욕심 많은 말
丙: 용감한 황소의 죽음
丁: 늑대

## 문 12 매칭형 [난이도 중] 정답 ②

ㄱ. (○) 태어난 연도의 뒷자리 이름말이 색을 나타내고 생일이 4~6일 경우 '양', '매', '말'이 가능하다.

ㄴ. (✕) '시끄러운'으로 시작하는 이름은 5글자도 가능하다.

ㄷ. (✕) 이름이 두 글자인 경우는 '돼지'도 가능하다.

ㄹ. (○) 태어난 연도 뒷자리 숫자가 20이고 생월의 숫자가 20이므로 생일에 해당하는 이름말은 붙이지 않는다. 2월은 28일 또는 29일까지만 있기 때문에 '태양'과 '~의 혼'이 결합될 수 없다고 생각해도 된다.

## 문 13 매칭형 [난이도 하] 정답 ③

익숙은 반복적인 자극에 의한 무반응 행동, 연상 학습은 보상과 처벌의 연계로 인한 행동 변화, 시행착오는 반복적인 경험으로 인한 행동 변화라 할 수 있다. ㄱ은 익숙, ㄴ은 연상 학습, ㄷ은 익숙에 해당한다. ㄱ과 ㄷ은 자극이 반복되면서 무반응 행동이 일어나고 있다는 점에서 익숙이다. ㄴ은 보상에 의한 학습 결과 종소리가 들리면 침 분비가 이루어지게 되는 행동 변화가 이루어진 것으로 연상 학습에 해당된다.

## 문 14 매칭형 [난이도 하]　　　　정답 ②

ㄱ. (×) 두 번째 문단에 의하면 양반의 사회적 인지는 일반적으로 읍을 단위로 행해졌다. 비록 문중조직에 속하더라도 다른 읍에서 양반으로 인정받지 못할 수 있었다.

ㄴ. (×) 알 수 없는 내용이다.

ㄷ. (×) 알 수 없는 내용이다.

ㄹ. (○) 세 번째 문단에서 '이상이 중간단체의 보편단체'라고 하였으므로 옳은 내용이다.

## 문 15 매칭형 [난이도 중]　　　　정답 ②

① (×) 재외선거인이면서 동시에 국외부재자신고인인 경우는 있을 수 없다.

② (○) 제 ○○대 국회의원선거에 출마하려는 정치인은 선거운동기간에 관계없이 자신의 인터넷 홈페이지를 이용해 국외선거운동을 할 수 있다.

③ (×) 선거운동기간은 선거일의 전날까지이므로 선거일은 수요일이다.

④ (×) 후보 추천 정당은 선거운동기간 외에는 인터넷 광고를 할 수 없다.

⑤ (×) 재외선거인은 비례대표만을 뽑을 수 있다.

## 문 16 따라계산형 [난이도 중]　　　　정답 ⑤

철도 증설, 비행장 확충, 도로 확장에 소요되는 예산을 각각 a, b, c라고 하면 각각에 기대되는 순편익은 다음과 같다. 이때 교통수요 유지의 경우에는 순편익에 영향을 미치지 못하므로 계산하지 않는다.

철도: $(1.5a-a)\times0.5+(0.5a-a)\times0.2=0.15a$

비행장: $(2.5b-b)\times0.5+(0.2b-b)\times0.2=0.59b$

도로: $(1.2c-c)\times0.5+(0.8c-c)\times0.2=0.06c$

① (○) a에 300을 대입하면 45억 원이다.

② (○) b에 500을 대입하면 295억 원이다.

③ (○) c에 100을 대입하면 6억 원이다.

④ (○) 기대되는 순편익이 모두 양수이므로 예산상의 제약이 없다면 모두 대대적으로 확장하는 것이 순편익을 가장 크게 할 수 있는 방안이다.

⑤ (×) 투여 예산대비 순편익이 큰 순서는 비행장 확충, 철도 증설, 도로 확장 순이다. 예산이 450억 원이므로 비행장을 대대적으로는 확충하지 못하기 때문에 일단 비행장을 소규모로 확충하고, 그 다음으로 철도를 대규모로 증설하고, 마지막으로 도로를 대규모로 확장할 수 없기 때문에 도로를 소규모로 확장해야 한다.

## 문 17 매칭형 [난이도 중]　　　　정답 ②

ㄱ. (×) 기관장 평가가 없어지는 것은 아니다.

ㄴ. (○) 평가지표 통합으로 유사지표를 두 번 평가하는 비효율이 제거되는 등 중복 평가에 따른 부담이 감소할 것이다.

ㄷ. (×) 공기업에 해당한다.

ㄹ. (×) 평가단의 통합 운영이 아니라, 피평가기관으로부터의 연구용역 수주 금지가 윤리성을 제고시킬 것이다.

## 문 18 매칭형 [난이도 하]　　　　정답 ⑤

ㄱ. (×) 피해조사신청이 아닌 조사 결정이 있으면 그 즉시 통보하여야 한다.

ㄴ. (×) 무역위원회에서 건의할 수 있다.

ㄷ. (○) 무역위원회는 산업피해조사 개시일로부터 4개월 이내에 피해 유무를 판정해야 하고, 판정으로부터 1개월 이내에 건의한다. 기획재정부장관은 건의로부터 1개월 이내에 결정·고시하므로 6개월 이내가 된다.

ㄹ. (×) 잠정관세조치가 아닌 긴급관세부과조치의 경우 협의가 이루어지지 못했을 때 관련국의 보복조치가 가능하다.

## 문 19 매칭형 [난이도 하]　　　　정답 ③

ㄱ. (○) 일본은 2005년 농식품 잔류농약 관리 제도를 네거티브 방식에서 포지티브 방식으로 변경하기로 결정했다. 이 방식은 농식품별로 농약잔류 허용기준을 설정하고, 기준이 설정되지 않은 농약 등이 함유된 농식품 유통을 원칙적으로 금지하고 있다. 따라서 우리나라 수출 농가 입장에서는 수출을 위해서는 기준이 설정된 농약만 사용하여야 한다.

ㄴ. (×) 규제가 강화된 셈이다.

ㄷ. (×) 글에 나와 있지 않은 내용이다.

ㄹ. (○) 농가가 GAP 호칭을 획득하면, 정부보증을 통해 자신의 생산물이 안전한 식품이라는 평판을 얻을 수 있다. 이를 통해 소비자의 욕구를 충족시키고 수출가능성을 높일 수 있다. 이는 일종의 유인시스템이라 할 수 있다.

## 문 20 매칭형 [난이도 중]　　　　정답 ④

① (○) 만기 주가가 10,000원이면 5,000원에 매입해 10,000원에 매도하는 것이 이득이므로 甲은 이러한 권리를 행사하는 선택을 한다. 그 결과 애초에 지급한 1,000원을 뺀 4,000원을 이득으로 얻는다.

② (○) 만기 주가가 9,000원이 되면 甲이 권리를 행사하는 선택을 하게 되므로, 乙은 액면가 9,000원 주식을 5,000원에 매도하여 4,000원 손해이지만 애초에 지급받은 1,000원을 더해 최종적으로 3,000원 손해를 본다.

③ (○) 만기 시 주가가 3,000원이면 甲은 주식보다 5,000원을 갖고 있는 것이 유리하므로 주가를 매입하기로 한 권리를 행사하지 않는 선택을 한다. 그 결과 애초에 옵션 프리미엄으로 지급한 1,000원만 손해를 본다.

④ (×) 甲은 만기 시 주가가 10,000원인데 이를 5,000원에 팔아버리면 손해이므로 팔 수 있는 권리를 행사하지 않는다. 따라서 옵션 프리미엄으로 지급한 1,000원만 손해를 볼 것이다.

⑤ (○) 甲은 만기에 3,000원인 주식을 약정한 5,000원에 파는 권리를 행사할 것이므로 그에 따라 乙은 이를 살 수 밖에 없다. 따라서 2,000원의 손해를 보되 애초에 지급받은 옵션 프리미엄 1,000원이 있으므로 총 1,000원의 손실을 본다.

## 문 21  따라계산형  난이도 ❸  정답 ④

① (×) 시장지배력의 남용 여부는 알 수 없다.
② (×) C기업은 시장점유율이 5%이므로 시장지배적사업자에 해당하지 않는다.
③ (×) A기업은 시장점유율 1위 기업이므로 A가 하는 기업결합은 모두 경쟁제한성이 있다고 판단된다.
④ (○) A기업이 시장점유율 1위이므로 A기업의 기업결합은 항상 경쟁제한성이 있다. B, C, D 중에 어느 한 기업이 기업결합을 하는 경우에는 3 이하의 사업자의 시장점유율의 합계가 75% 이상이 되므로 역시 경쟁제한성이 있다.
⑤ (×) A기업의 시장점유율이 45%라 하더라도, 여전히 시장점유율 1위이므로 A가 하는 기업결합은 모두 경쟁제한성이 있다고 판단된다.

## 문 22  매칭형  난이도 ❸  정답 ②

ㄱ. (○) 연금의 지급일이 속하는 월의 대통령 연봉월액의 8.85배에 상당하는 금액의 95%가 전직대통령에 대한 연금액이 된다. 따라서 현직대통령의 연봉이 증가하면 연금액도 증가하게 된다.
ㄴ. (×) 월 단위로 지급되는지 여부는 알 수 없다.
ㄷ. (×) 단순히 현직대통령 연봉의 70%를 받게 되는 것은 아님에 유의해야 한다.
ㄹ. (○) 이 법 적용 대상자가 공무원에 취임하면 그 기간, 즉 재직 기간에는 연금의 지급이 중단된다.

## 문 23  조작계산형  난이도 ❸  정답 ③

ㄱ. 온돌만을 이용하여 실내온도를 22도 이상으로 유지할 경우 8만 원이다.
ㄴ. 온풍기를 가동하고 난로를 시간당 등유 4리터씩 사용할 경우 12만 원이다.
ㄷ. 난로만을 사용하여 실내온도를 높일 경우 28만 8천 원이다.
ㄹ. 온돌을 이용하여 8시간에 한번씩 아궁이에 불을 지피고, 22도 이하로 실내온도가 내려가는 경우 난로를 사용하여 22도를 유지할 경우 6만 6천 원이다.

따라서 순서는 다음과 같다.
ㄹ(6만 6천 원) - ㄱ(8만 원) - ㄴ(12만 원) - ㄷ(28만 8천원)

## 문 24  매칭형  난이도 ❸  정답 ②

ㄱ. (○) 첫 번째 조문 제3항 가목에 해당하므로 위로금을 받을 수 있다.
ㄴ. (×) 위로금의 대상자는 희생자 또는 그 유족에 해당된다. 생환자는 위로금의 대상이 아니다.
ㄷ. (×) 희생자로 분류되는 강제동원 기간에 해당되지 않는다.
ㄹ. (○) 강제동원 희생자의 손자녀에 해당하므로 옳다.

## 문 25  따라계산형  난이도 ❸  정답 ③

甲은 2천만 원을 4등분한 500만 원을 받는다.
乙은 5천 엔×2천 원이므로 1,000만 원을 받는다.
丙은 4천만 원을 5등분한 800만 원을 받는다.
따라서 보상 금액이 많은 순서대로 나열하면 乙 - 丙 - 甲이다.

해커스공무원 **단기 합격생**이 말하는

# 공무원 합격의 비밀!

해커스공무원과 함께라면
다음 합격의 주인공은 바로 여러분입니다.

---

10개월 만에
전산직 1차 합격!

**최\*석 합격생**

### 언어논리는 결국 '감'과 '기호화'의 체화입니다.

언어논리 조은정 선생님의 강의를 통해 **제시문 구조, 선지 구조** 등 문제접근법에 대해서 배웠고, 그 방식을 토대로 문제 푸는 방식을 체화해가면서 감을 찾아갔습니다. 설명도 깔끔하게 해주셔서 **도식화도 익힐 수 있었습니다.**

---

단 3주 만에
PSAT 고득점 달성!

**김\*태 합격생**

### 총 준비기간 3주 만에 PSAT 합격했습니다!

자료해석 김용훈 선생님은 인강으로 뵈었는데도 정말 **친절하셔서 강의 보기 너무 편안**했습니다. 분수비교와 **계산방법** 등 선생님께서 쉽게 이해를 도와주셔서 많은 도움이 되었습니다.

---

7개월 만에
외무영사직 1차 합격!

**문\*원 합격생**

### 상황판단은 무조건 '길규범' 입니다!

수험생이 접하기 어려운 과목임에도 불구하고 **길규범 선생님께서는 정말 여러가지의 문제풀이 방법**을 알려주십니다. 강의가 거듭될수록 문제푸는 스킬이 나무처럼 카테고리화 되어서 문제에 쉽게 접근할 수 있게 되었어요!

---

20대 마지막
기회라 생각했던
**박*묵님도**

적성에 맞지는 않는 전공으로
진로에 고민이 많았던
**박*훈님도**

여군 전역 후 노베이스로
수험 생활을 시작한
**박*란님도**

**해커스공무원**으로 자신의 꿈에 한 걸음 더 가까워졌습니다.

당신의 꿈에 가까워지는 길
**해커스공무원**이 함께합니다.